I0102567

Contra-amor, poliamor, relaciones abiertas y sexo casual

Contra-amor, poliamor, relaciones abiertas y sexo casual

Reflexiones de lesbianas del Abya Yala

Norma Mogrovejo

Compiladora

Clarisse Chiappini, Catalina Trebisacce, Virginia Cano, Rosa María Laguna, Áurea Sabina, María Julieta Silva, marian pessah, Colectivo Poliamor, Nadia Rosso, Diana Neri, Lidia Aguado, Kitzia Montiel, Colectiva Cuarto Violeta

TERCERA EDICIÓN

Westphalia Press

An Imprint of the Policy Studies Organization

Washington, DC

2020

CONTRA-AMOR, POLIAMOR, RELACIONES
ABIERTAS Y SEXO CASUAL

THIRD EDITION

All Rights Reserved © 2020 by Policy Studies Organization

Westphalia Press
An imprint of Policy Studies Organization
1527 New Hampshire Ave., NW
Washington, D.C. 20036
info@ipsonet.org

ISBN: 978-1-941472-41-5

Interior design by Jeffrey Barnes
jbarnesbook.design

Daniel Gutierrez-Sandoval, Executive Director
PSO and Westphalia Press

Updated material and comments on this edition
can be found at the Westphalia Press website:
www.westphaliapress.org

Índice

Prólogo
Tejer nuestra libertad destruyendo el tejido patriarcal[1]*

Clarisse Chiappini Castilhos

Soy de la generación del *haga el amor y no la guerra*. Del amor libre. Mal sabíamos que estas consignas que parecían tan nuevas ya estaban presentes entre las anarquistas de final del siglo XIX, inicio del XX, simbolizada en la figura de nuestra tan querida Emma Goldman. Esa lucha será retomada en varios momentos, como más recientemente en el movimiento de contracultura en los años 70, dentro de la onda hippie, donde me encuadraba en parte.[2] Esto me lleva a pensar qué profunda es esta lucha en cuanto a la defensa de la libertad sexual que va y vuelve, con avances e increíbles retrocesos. Lo que es evidente es que estas prácticas tocan profundamente las entrañas del patriarcado-capitalista.

Hoy, con 64 años, tengo consciencia que por muchas décadas busqué -y aún busco- amar a mi manera. Me gustaría confesarles algo: no me arrepiento de nada. Únicamente de las concesiones que hice y que hoy no tengo más como remediar. Pero no volvería atrás. Por eso, me entusiasma ver este debate reencender en nuestra época y me siento muy feliz en hacer un prólogo de este libro.

Poliamor. Contra-amor. Ruptura de la Monogamia Obligatoria. Amor Libre. Inquietud es nuestro nombre. No. No tenemos respuestas. Tampoco las queremos. Pero sí tenemos mucho que con-

---

1   * Traducción del portugués por marian pessah.
2   El llamado movimiento hippie era muy amplio y tuvo lugar simultáneamente con las dictaduras latinoamericanas y con la guerra de Vietnam. Ya el "mayo del 68" tuvo un formato diferenciado en Amlac, sin embargo, la revolución cultural era un punto en común, abordado en diferentes niveles de profundidad. Extendiéndose desde la lucha contra la dictadura hasta el amor libre.

tar, que relatar, que pensar. Que disfrutar. Buscamos un mundo contrahegemónico. La creación permanente de una nueva humanidad.

La revolución amorosa no tiene un final, pero sí muchos comienzos. La lucha contra la opresión individual y social. Esta opresión comienza en la sociedad patriarcal donde el amor se vincula a la herencia y a la necesidad de reconocer la matriz de la propiedad privada. El control del cuerpo de la mujer. El intento del opresor de aprisionar a quienes conciben nuestra descendencia. Esto, lo sabemos, no comienza con el capitalismo, pero encuentra en él su máxima expresión.

En los muchos y bellos pensares de este libro, nos-otras, compas, nos manifestamos. Cada una a su manera, como dicta nuestra alma y nuestra cabeza. Por intermedio de distintos lenguajes, algunos textos más académicos, buscando orígenes, explicaciones históricas; otros, con base en vivencias personales, sufrimientos y alegrías. Algunas poetizando, liberando solo sus sentimientos; otras, relatando su vida. También encontramos manifiestos colectivos, resultados de talleres. Un bordado con muchos hilos, sin un orden jerárquico típico de la expresión patriarcal.

La discusión se da entre lesbianas. ¿Por qué? Porque no somos mujeres, como decía nuestra compa Monique Wittig. Porque no nos encajamos en la descripción de mujer con la que el sistema intentó sellarnos. Somos seres en permanente des-construcción y reconstrucción. Estamos en tránsito.

Tampoco defendemos la poligamia. Etimológicamente, este concepto implica un hombre con muchas mujeres. ¡La tan terrible imagen del harén! ¿Pero será que lo que buscamos es la poliandria? Dudo que a alguna de las compas que estamos escribiendo-pensando en estas páginas, nos interese el mismo "juego", con iguales condiciones, pero del otro lado. Lo que nosotras deseamos es cambiar sus reglas. Estas situaciones son institucionales y socialmente aceptadas conforme la sociedad donde se insieren. No queremos el amor ordenado por el universo de las instituciones. Somos feministas y también defendemos la liberación del individuo hombre, que no deja de ser una víctima, aunque privilegiada, del patriarcado.

En estos artículos, cuentos, manifiestos, muchos conceptos emergen de la oscuridad de nuestra[3] ideología heteropatriarcal, y vemos la necesidad de reverlo todo. ¿Qué es el amor, qué es el deseo, qué es la amistad; cuáles son las fronteras entre todo esto? Nosotras, lesbianas, somos sometidas permanentemente a este orden patriarcal y asumimos roles. Acabamos asumiendo la ideología dominante del amor como posesión, de que "si es mía no puede ser de nadie". ¡Y así llegamos a la idea de traición!

¿Será que vivir en estado de prisioneras nos deja más felices que tener miedo de perder ese amor? ¿Qué Amor? ¿Por qué aceptamos tan pasivamente ese estado? Y nuevamente me pregunto: ¿Qué es amor? ¿Qué es deseo? El deseo que se genera en una hora mágica y de manera consentida, cuando se materializa, es sexo y es también una forma de amor. Para nosotras, es evidente que ese placer fue tildado de pecado –por las religiones monoteístas–, símbolos máximos del patriarcado. Y cuántas veces, sin darnos cuenta, pensamos que está mal tener sexo "sin compromiso"...

¿Será que la monogamia es una verdad absoluta, a-temporal y obligatoria? Esta pregunta nos remite a otras dos que también son objeto de este libro: ¿en qué otros momentos eso sucede? ¿Por qué para las mujeres es más problemático que para los hombres? Por otro lado, pienso que esta libertad de amar no nos obliga a estar todo el tiempo viviendo en relaciones simultáneas. Estar con una sola persona no es necesariamente ser adepta de la monogamia. ¿Estamos obligadas a estar con otras personas por el hecho de que nuestra compañera esté viviendo otras relaciones? Si estamos en constante cuestionamiento de la moral burguesa, dejamos de ser monogámicas. Ya sea porque no cerramos las puertas para esta vivencia o porque estamos cuestionando ideas anti-monogámicas.

---

3   Digo "nuestra" porque absorbemos la ideología patriarcal aunque queramos deshacernos de ella.

Cuando yo era joven –aunque estuviera con personas de mi misma edad–, ellxs sentían más dificultades de vivir relaciones abiertas que yo. Como creo en esta alternativa, y por haber sufrido con las represiones y controles de mis otros amores, pasé por muchas búsquedas sin encontrar con quién compartirlas. Mi última relación fue con quien hoy es mi gran amiga, marian pessah. Entre nosotras hay una cierta diferencia de edad y yo estaba consciente de que su momento no era el mismo que el mío. Yo prefería estar solo con ella que vivir otras relaciones simultáneas, pero quería, igual, sentirme libre al mirar a otras chicas y poder vivir mis encantamientos. Con esta forma, no me calzaría una relación cerrada. Pienso que lo mejor que nos pasó –durante el tiempo que estuvimos juntas– fue vivir la sinceridad a pleno, no darles lugar a malentendidos, contarnos deseos no realizados. Esto nos permitió un conocimiento profundo una de la otra y, al mismo tiempo, una tranquilidad para avanzar en esta lucha a pesar de nuestros momentos diferentes.

Hay que reconocer que es difícil vivir plenamente las relaciones abiertas dentro de un contexto en el cual, ellas, no son la regla. En realidad, lo más común, es vivir otras relaciones en "secreto", lo que viene a ser lo mismo que no asumir esta lucha. Eso vendría a ser acomodarse dentro del orden monogámico.

Otro tema que me parece pertinente traer: ¿la monogamia alcanza solamente otras relaciones amorosas? Sabemos que también hay muchos celos cuando una tiene amistades o complicidades, independiente de "su" pareja o relación principal/tronco. No es habitual –en esta sociedad– que dos personas que se aman y tienen una vida en común, hagan cosas y se relacionen de forma independiente. Que una viaje sin la otra, con un ritmo propio y deseos totalmente independientes, un grupo de discusión en separado, en fin, cosas de la vida de quien tiene una búsqueda de autonomía. ¡Autonomía no individualista! A veces es más "fácil" vivir una situación más extrema, de tener dos o tres relaciones amorosas, que vivir de forma autónoma. Puede ser más perturbador saber que "tu" pareja/compañera comparte cosas afectivas, artísticas, intelectuales, etc., que imaginar que está teniendo sexo con otra persona. Puede ser muy fuerte el hecho de que una no sea parte de momentos importantes de la otra persona a quien consideras muy unida a ti, y que a su vez, ella esté creando junto a otra/s.

En realidad, el sistema intenta encajar todo dentro de sus patrones: parejas, amantes, traiciones, fidelidades, etc. Y los celos se manifiestan en las más diversas formas de amor. Pienso que la mejor forma de trabajar este tema es teniendo un diálogo abierto y admitir que absorbemos del sistema el fantasma de los celos. En un contexto en que todas estén conscientes también del significado político de esta vivencia y del respeto que tiene que ser cultivado, sin que dejemos de ser espontáneas. La idea no es hacer una terapia grupal, sino vivir armónicamente y con placer.

Sin embargo, cuando se dan, de hecho, una o más relaciones simultáneas amorosas, hay una desestabilización de la relación y para eso es importante tener otras compas con quien poder hablar. En realidad desestabilizar es también lo que queremos porque su antónimo es estabilizar y eso no transforma, al contrario, la estabilidad establece.

Otra cuestión que me planteo es relacionada a la que llamamos, en general, de "relación tronco", ¿las demás son ramas? ¿Esta postura no estaría subvalorizando a las demás? Esto remite a la cuestión del poder. Esta concepción viene desde las discusiones Sartre-Simone y creo que eso es muy difícil de solucionar en una sociedad capitalista, con casitas organizadas de una manera casi burguesa, hábitos diarios, "cosas de pareja". En mi caso, cuando estuve en una relación, en el lugar de la "rama", no me molestó ese lugar. Nunca quise que la otra eligiera entre mí y su relación tronco.

El libro *El reino de las mujeres* de Coler[4] trata el tema de la competencia entre mujeres por un hombre. Tiene relación con este tema ya que describe una sociedad no patriarcal, o sea, una base cuyo tejido es diferente a este en el cual estamos sumergidas. Es una en-

---

4   Coler, Ricardo, 2006, *El reino de las mujeres: El último matriarcado*, Buenos Aires, Ed. Planeta, p. 208.

trevista en la comunidad del pueblo Mosuo, una sociedad matriarcal en el Tibet. Entre todos los relatos interesantes de ese trabajo, uno, especialmente, me llamó la atención. La charla con una joven estudiante de una universidad especial para pueblos con culturas muy diferenciadas. El objetivo de esta universidad era de integrarlas al régimen socialista[5] chino, o sea, integrarlas a un tipo de unificación del pensamiento. Esta joven mostraba mucha lucidez al hablar de la competencia entre mujeres de otras sociedades para "conquistar" un hombre y lo relacionaba con la sobrevivencia, con la cuestión material. Planteaba la necesidad de separar el núcleo de reproducción material de las relaciones sexo-afectivas. Para ella, las mujeres de las sociedades patriarcales no tienen solidaridad porque disputan un hombre. O sea, compiten por un espacio material que garantice su sobrevivencia. Para las mujeres de esta comunidad, matrimonio y amor son cosas totalmente diferentes. Lo que ellas explican es que es muy importante separar la sobrevivencia, la parte económica; del amor, del sexo, del erotismo. Eso nos remite a la cuestión de la base material de la monogamia.

El gran tema es cómo transformar nuestro día a día, en un cotidiano revolucionario porque esa es la esencia de la revolución feminista: lo personal es político y lo político es personal. Yo creo que vivir todo el tiempo juntas haciendo cosas en torno de una causa común nos abre mucho la cabeza, nos hace salir de las cajitas. Hay una película que trae exactamente este tema de manera muy interesante: *Las mujeres del monte Ararat*. Es un documental sobre las guerrilleras kurdas que trata de milicias compuestas sólo por mujeres en el contexto de la resistencia. Entre ellas había una erotización de sus relaciones muy bonita: se tocaban, se abrazaban, hablaban en las reuniones, pero aparentemente no tenían relaciones sexuales. En determinados momentos salían y visitaban a las familias de las aldeas, con costumbres muy tradicionales y les explicaban por qué estaban en grupos sin hombres, hecho que las

---

5   Defiendo el socialismo feminista, pero no pienso que el "socialismo real" haya alcanzado los ideales socialistas. En particular, en lo referido a la moral.

empoderaba. De esta manera iban generando un proceso de despatriarcalización de una sociedad absolutamente patriarcal. En otros momentos se encontraban con los hombres de la guerrilla para discutir política, para jugar, para armar estrategias pero, siempre, mantenían su autonomía. Prueba de este poder de las mujeres kurdas es que hasta hoy constituyen una resistencia poderosa contra un mundo patriarcal y son ejemplo para todas nosotras. Ese compartir cotidiano y amoroso de la vida es un tipo de poliamor.

Para ir concluyendo, me gustaría remarcar que no se consigue alcanzar la libertad fuera de un contexto activista, de una comunidad de discusión que no sea centrada únicamente en la cuestión de las relaciones abiertas. Hay que pensar en cómo cambiar esta civilización y en cómo esta vivencia puede cambiarnos también a nosotras. Es una interacción dialéctica entre la base material en la que estamos insertas y las ideas que queremos vivenciar. Vivir revolucionariamente es la única forma de transformarla aunque estemos limitadas por la ideología dominante que interiorizamos.

Todas estas temáticas son profundizadas en este libro y presentan un hilo en común: la revolución cotidiana; en ella, la opresión patriarcal es la cota de malla, el interior de esa armadura, cuyas tramas queremos destruir para tejer una sociedad flexible y sin limitaciones, crear nuestras maneras de vivir y amar. Las invito a embarcar en este universo fascinante de este debate que, al cambiar nuestras vidas, puede también urdir otra civilización.

Introducción

Norma Mogrovejo

Contra-amor, poliamor, relaciones abiertas, sexo casual, anarquía amorosa, ruptura de la monogamia obligatoria, fueron algunos de los nombres que se sortearon para el presente libro, una propuesta de continuidad y profundización de *Desobedientes. Experiencias y reflexiones sobre poliamor, relaciones abiertas y sexo casual entre lesbianas latinoamericanas.* Un libro editado en 2009, producto de una convocatoria abierta a lesbianas latinoamericanas para que escribieran y reflexionaran sobre sus experiencias de ruptura a la monogamia obligatoria.[1] La publicación de este primer libro de carácter exploratorio permitió la enunciación de una realidad vivida como resistencia a un régimen de obligatoriedad, en el que la propiedad privada de los cuerpos, las vidas, los sentimientos y los deseos alienta un capitalismo neoliberal que no duda en privatizar lo personal, íntimo y subjetivo principalmente de las mujeres para capitalizar y convertirnos en productos vendibles.

Desobedientes fue un referente importante, fue leído y discutido en colectivos, en la academia, sirvió para procesos personales, para desarmar marcos vivenciales preestablecidos y muchas mujeres nos hicieron llegar comentarios, fundamentalmente el reconocimiento de que *Desobedientes* abrió la posibilidad de una mirada diferente respecto la forma de relacionarnos amorosamente fuera de los marcos de la propiedad.

Ante las pocas referencias teóricas o vivenciales, la socialización de la experiencia lésbica hecha reflexión crítica, aporta no certezas,

---

1   Mogrovejo, Norma, pessah marian, Espinosa Yuderskys, Robledo Gabriela, *Desobedientes. Experiencias y reflexiones sobre poliamor, relaciones abiertas y sexo casual entre lesbianas latinoamericanas*, En la frontera, Buenos Aires, 2009. Libro en el que participaron Clarisse Chiappini y marian pessah, autoras de esta publicación junto a varias otras compañeras.

acrecienta dudas, cuestionamientos, incertidumbres. *Desobedientes* puso sobre la mesa una realidad que incomoda, conflictúa, que se prefiere descalificar para sublimar todavía una forma de relación basada en la jerarquía, la violencia y el intercambio de mujeres, el amor romántico, incluso en sectores sociales críticos como el propio feminismo. Por la misma razón, abrió brecha en espacios fundamentalmente de lesbianas jóvenes, quienes logran vivir una sexualidad menos reprimida y condicionada.

Para esta edición quisimos darles continuidad a algunos de los temas conflictivos. Hubiéramos querido que las que escribieron en *Desobedientes* hicieran una segunda reflexión sobre lo escrito anteriormente y sobre su proceso personal. No fue posible. Varias prometieron hacerlo pero me temo que los procesos político-emocionales son largos o tienen tiempos particulares. Hicimos por ello una segunda convocatoria de la que se seleccionaron algunos textos, decidimos alimentar la edición con algunas entrevistas y la transcripción del taller Poliamor, Contra-amor, relaciones abiertas en lesbianas del Abya Yala, realizado en el contexto del X Encuentro Lésbico Feminista del Abya Yala (Elfay) en Colombia en 2014.

Incluimos también una entrevista a integrantes de Cuarto Violeta, una colectiva que, al tiempo que promueve encuentros de placer colectivo, pone en cuestión el control social a partir de la privatización de las cuerpas y la sexualidad.

La compilación que aquí presentamos reflexiona más profundamente sobre los procesos contra-amorosos, poliamorosos y las posibilidades de las relaciones abiertas, los acuerdos y la manera como estos pueden llegar a institucionalizar la propia relación, ubicando de nueva cuenta al Estado en medio de ella. La necesidad de plantear la(s) relación(es) de manera experimental y en permanente laboratorio, plantea muchos desafíos. Cuestiona la validez de las recetas, las normas o fórmulas universales. Cada relación es única, diversa y cuenta con características particulares. Si bien la experiencia propia o ajena genera conocimiento y sirve de marco contextual, cada relación es irrepetible por lo que necesita sus propios acuerdos. Sin embargo, la necesidad de una ética del cuidado se hace presente fundamentalmente en los ámbitos de la salud sexual y emocional, así como en las formas de comunicación. Aunque los acuerdos pueden modificarse según las necesidades, los ámbitos del cuidado deben estar presentes justamente porque están ligados a la ética. La ética del cuidado refiere la consideración y validación de los procesos, subjetividad, sentimientos, tiempos, condiciones materiales y las que las socias consideren.

Con pocos referentes, reconocemos la construcción de nuestra propia epistemología, es decir, la enunciación de nuestros propios conocimientos desde el empirismo cotidiano. La experiencia es nuestra fuente de conocimiento, al tiempo que la apuesta de transformación. De ahí la importancia de generar espacios colectivos de intercambio, retroalimentación y resignificación.

En la tarea de descolonizar el cuerpo, la sexualidad, el placer, el deseo, el poliamor es concebido, en la propuesta de Diana Neri como *un terreno liberado*, un proyecto que se construye y replantea a cada momento, una afirmación positiva sobre la liberación de nuestro cuerpo y nuestros afectos, "Ni Dios, ni Estado, ni partido, ni marido". Descolonizar los vínculos de toda economía erótica, que piense a lxs amantxs en términos de propiedad, refieren Catalina Trebisacce y Virginia Cano. Para Áurea Sabina, es una decisión ética que reconoce la libertad de cada persona.

Nadia Rosso, Diana Neri y Kitzia Montiel apuestan por el contra-amor, una propuesta que cuestiona la poliamorosidad, porque para vivir la disidencia amorosa, no es necesario siquiera tener una pareja. El contra-amor replantea los mandatos sociales del mito de la pareja y el amor romántico; las reglas de una relación principal, y otras periféricas, o las triejas cerradas, e invita aventurarse a construir relaciones horizontales, igualitarias, libertarias.

La apuesta es cambiar de raíz la lógica colonial, impositiva, jerárquica y de subordinación que han encadenado las relaciones amorosas, a la moral religiosa y las dependencias emocionales y económicas. Aprender a ejercer la libertad, desprivatizar el cuerpo, el deseo o la sexualidad de la(s) otra(s), se convierten en un reto. Entonces, ¿cómo construimos nuestra libertad, que no sea una libertad controlada ni una *libertad administrada, ni por el Estado ni por otrxs?* Tal vez tendríamos que deconstruirnos en lo que entendemos por amor y enamoramiento.

El concepto de pareja tiene un significado colonial, remite al par, dos, sinónimo de exclusividad, complementariedad, jerarquía, dominación y sumisión. La complementariedad está construida desde las carencias e implican ejercicios de poder y control. En lo colectivo, el apoyo mutuo se plantea desde la individua fortalecida que no busca en su(s) contraparte(s), llenar sus carencias. Evitar juegos de poder y sumisión, nos retroalimenta y hace crecer. Es la forma de fortalecer colectividades.

El amor romántico es un modelo de relación fundamentalmente heterosexual que se basa en el supuesto de la complementariedad, la pareja ideal, el matrimonio para toda la vida, el mandato de la fidelidad, entre otros; un modelo asumido por gran parte de lesbianas, incluso feministas, para quienes las concepciones heterosexuales del amor romántico son modelos de relación preferentes y que merecemos revisar.

La monogamia, en tanto imposición, ha sido concebida a priori que el amor, en consecuencia pre-define el amor, dándole el carácter de verdadero. Una verdad, que reclama universalidad. Si la monogamia da certeza, igual que el matrimonio, la familia, la propiedad, la filiación, la jerarquía y otras instituciones que nos reconocen como unidades económico-crediticias para el neoliberalismo, la incertidumbre es planteada como un reto. Asumir el carácter contingente y singular de los vínculos amorosos, poniendo en cuestión el supuesto del "amor verdadero".

La monogamia es un pacto político que reproduce y da consistencia económica y social a la lógica capitalista. La incertidumbre y preocupación sobre un futuro incierto en términos económicos, propio del sistema capitalista neoliberal cuyas alternativas están privatizadas, individualizadas o bajo la tutela del Estado, tiene su correlato en la pareja monogámica como única protección posible frente a la "sociedad global", basado en valores patriarcales, burgueses y occidentales. Así, la pareja monogámica no solo tiende a volverse una necesidad material, sino un ideal, una norma, una imposición. Falquet nos recuerda que el ideal de familia "neonuclear" es impuesto desde la mundialización neoliberal a veces recompuesta con parejas del mismo sexo.[2]

En el ejercicio experimental de laboratorio, los acuerdos en las relaciones amorosas son parte de la ética del cuidado, fundamentalmente sobre la salud y la comunicación. Sin embargo, no son eternos ni de sangre. Lejos del control, deben apostar al crecimiento mutuo. Si el acuerdo promueve el control, filtra la presencia del Estado que normativiza y privatiza, ¿cómo sacar al Estado de la cama y de las relaciones amorosas y hacer cosas más libres y experimentales?

Contar o no, he allí la cuestión. Contar todo rompe la individuación y puede dar herramientas para el control minimalista, puede alimentar el ejercicio de poder, o una relación de sumisión y dominación. Sin embargo es sano nutritivo y retroalimentador hablar, mejora la relación. ¿Qué comunicar? Los ámbitos relevantes al compromiso, como una nueva relación que se convierte significativa, la forma como una u otras relaciones nos alimentan, etc. Los acuerdos de cómo llevar la(s) relación(es) o qué comunicar, son flexibles. Pero esa flexibilidad también implica un acuerdo, lógica y consideración. En ese sentido, las nuevas socias involucran compromiso, una relación de camaradería, fundamentalmente si existen puntos de coincidencia, no existe obligatoriedad, pero sí consideraciones mínimas. Sin embargo, la presencia colectiva de las socias establece lazos de acción política para la transformación.

La ruptura de la monogamia obligatoria cuestiona las jerarquías, pero la construcción de los compromisos marca diferencias entre las socias. Habrá quien prefiere relaciones abiertas o sexo casual

---

2   Falquet, Julio, *De la cama a la calle: perspectivas teóricas lésbico-feministas*, Brecha Lésbica, Colombia, 2006.

sin compromisos. A pesar de la independencia, espacios separados, proyectos de vida diferentes, se construyen compromisos confluentes pero diferentes. Lo cual no significa exclusión, descuido o maltrato.

Lejos de las certezas, las dudas se agolpan. ¿Por qué el ejercicio de la sexualidad causa apegos? Los peores, tal vez sean con el Estado. ¿Cómo construimos el deseo, el placer, la libertad lésbica fuera de los modelos heterosexuales, monogámicos, raciales, misóginos?

Los celos han sido utilizados como dispositivos de control para la privatización del cuerpo, la sexualidad y los sentimientos de las personas, mediante el ejercicio de la violencia, los celos funcionan como el brazo armado del patriarcado. Si bien los sentimientos y todas las emociones tienen una parte física y otra de interpretación. El cerebro aprendió a emitir serotonina en determinadas circunstancias que producen dolor corporal, por ello duele el desamor, sin embargo, el hecho puede interpretarse de manera diferente al aprendido. Podemos renombrar los celos como placer. El placer de que mi compañera sea deseada por otra. En vez de restar, sumamos. Si duele, es importante reconocerlo y hacerse cargo una misma de ese dolor. Mis celos no son responsabilidad de la otra. Es una carencia de interpretación y de entendimiento mío y es imperativo resolverlo. Cuesta trabajo reconocer las trampas del ego y el sentimiento de abandono que produce no ser el centro del universo de la otra. Los celos no son abandono. Una relación implica un posicionamiento de un modo fortalecido, porque la(s) socia(s) no resuelve(n) expectativas o carencias. Si los celos son culturales, es posible deconstruirlos y resignificarlos.

La comunalidad aparece una y otra vez como un reclamo y utopía, en la crítica a las diversas formas de propiedad privada. Como impugnación a la dimensión individualista occidental, es un desafío recuperar las prácticas colectivas o comuna-listas de nuestros pueblos originarios.

La necesidad de construir referentes colectivos para compartir, analizar, de-construir, comparar, hacer catarsis, construir marcos referenciales y epistemológicos, aparece como un frente descubierto. Muchas viven la poliamorosidad como en destierro y soledad. Otras llegan con preguntas, temerosas de asumir la libertad de su cuerpo y sexualidad. La colectividad, comunidad o grupalidad permite politizar la epistemología generada desde las propias experiencias, esas que a veces son vividas en culpa o clandestinidad. Tenemos la necesidad de rescatar la experiencia de los talleres de autoconciencia, o desde el gozo colectivo experimental del feminismo setentero y ochentero, discusiones colectivas donde lo personal e íntimo generan dimensiones de lo político, conocimiento situado, compromiso y en consecuencia acción y transformación. Tanto lo personal, como lo íntimo, son políticos, y son parte de las dimensiones de análisis.

Fueron seleccionados trece trabajos entre ensayos, relatos, testimonios, entrevistas o grupos de trabajo. Las catorce autoras hablan en su mayoría desde la experiencia personal, desde donde reconocen la generación de un conocimiento situado. Reconocen el valor de la experiencia porque no hay referentes. Desde distintos rincones del Abya Yala, distintas edades, experiencias, hacemos camino al andar.

1. "Fragmentos (amorosos) de un discurso monógamo-disidente",[3] de Catalina Trebisacce y Virginia Cano, argentinas, jóvenes lesbianas, hijas de feministas que rompieron paradigmas de su época, pero ahora instaladas en matrimonios heterosexuales y monogámicos; ellas, las hijas, analizan a profundidad la concepción romántica de la "verdad del amor", la creencia de que "el amor" se realiza en una única forma, que demanda para sí el estatuto de real y verdadero. Bajo el supuesto de la verdad, la monogamia y el amor romántico, reclaman para sí universalidad. Para romper con

---

3   En referencia al libro *Fragmentos de un discurso amoroso*, *best-seller* de Roland Barthes (1977), en el que por primera vez se aborda el tema del amor como un discurso teórico y político. Fue adaptado para teatro en las más importantes ciudades de Occidente (también en Buenos Aires) y es hoy uno de los grandes libros de culto de la literatura francesa del siglo XX.

el régimen de la "verdad monogámica", se requiere asumir el carácter contingente y singular de los vínculos hasta la incertidumbre. De allí que los amores no son superiores, ni siquiera más exitosos.

El desafío de *Fragmentos* es una batalla micropolítica orientada a descolonizar los vínculos de toda economía erótica que piense a lxs amantxs en términos de propiedad, así como de la lógica binaria y jerarquizada de los géneros. De allí que desestabilizar la mutilante maquinaria productora de los géneros y los sexos, así como de la "privatización" de los vínculos que sostienen la lógica di-mórfica y complementarista, es una apuesta política.

2. "Amor en libertad", de Rosa María Laguna Gómez, narra desde la experiencia autobiográfica procesos de ruptura a las normatividades hetero-monogámicas, desde la frescura narrativa comparte la experiencia de una relación de amigas madres de niños del kínder que deciden experimentar y liberar la lívido al tiempo que organizan pijamadas para los niños. Rosa María reflexiona sobre el amor libre como condición ontológica: poder ser quién una quiere ser, amar en plenitud sin ataduras, ni cadenas de ningún tipo. El amor libre es un sentimiento que nos han enseñado a manipular, si bien no es exclusivo, es infinito, no puedo reducir mis sentimientos a una sola persona, nos dice. La libertad para tener una o más parejas está condicionada a los prejuicios con los que crecimos, con la educación que recibimos como mujeres, con la idea recalcitrante de la fidelidad, que para mí no es más que control, afirma. La fidelidad no existe, es una construcción social bastante desigual.

3. "Poliamor: ¿para qué definir lo natural?", de Áurea Sabina, también desde lo vivencial, reflexiona sobre la normatividad moral y legal que constriñe el deseo y la libertad de amar. Desde sus observaciones da cuenta de un fenómeno común, que entre el 90% de las parejas estables que tenían más de un año de relación, en todas, al menos una(o) de las(os) dos había buscado una relación (desde un simple encuentro sexual casual hasta un vínculo estable) simultánea. Pero esto no significaba que las parejas hubieran dejado de amarse. En algunas ocasiones, fortaleció el vínculo. En otras, preci-

pitó el final. Áurea reflexiona sobre la normatividad que determina lo bueno y lo malo, lo permisivo y lo prohibido y los efectos en la subjetividad. No sufrimos por la presencia de otra(o); el malestar viene porque la "verdad del amor" predetermina que es, no es, qué está mal, es pecado, delito, etcétera. Un modelo que precede, determina y condiciona la existencia.

> No veo pecaminoso elegirte
> aun cuando te comparto
> con toda conciencia
> sin pensar
> o pensando demasiado.

4. "Ahora que eres Alma pura", una carta póstuma en la que reflexiono sobre las contradicciones que imponen los celos como estrategia de control. Un modelo condicionado de exclusividad y en consecuencia de exclusión que resta en vez de sumar. La culpa, a pesar de la conciencia, impiden ver que los celos son responsabilidad de quien los siente.

5. "Pradera volcánica", de María Julieta Silva Massacese, un relato autobiográfico en el que nos comparte los acuerdos de cuidado a los que llegaron con su pareja al abrir la relación para evitar la ruptura: No comentar sobre otras relaciones y el cuidado de la salud sexual. Ni abrir la relación, ni el silencio salvaron la relación de pareja porque esta es un modelo agotado, reflexiona María Julieta. Este es un relato que cuestiona profundamente la presencia del silencio y la exclusividad como normatividades en las que podemos entramparnos.

6. marian pessah en "Pasajera en tránsito", a partir del relato testimonial de la decisión de seguir viviendo con su excompañera, como socias amorosas de la vida, propone el concepto "Anarquía amorosa" como una propuesta comunitaria, en vez de su anterior categoría: Ruptura de la Monogamia Obligatotia (RMO), que rompe pero no propone. En consecuencia, formula diferenciar el amor sexo-afectivo del amor profundo de la convivencia. Cuestiona la exclusividad que se convierte en exclusión. ¿Por qué no

pensar colectiva o sumatoriamente? ¿Por qué a alguien que amé tanto, a partir de cerrar una relación amorosa la tengo que empezar a odiar, o me tengo que pelear? El sistema se vale de la competencia para dividir y reinar.

Las anarquías amorosas proponen coreografiar danzas con distintos tipos de música. Aunque cada vez estemos creando más referencias, no hay fórmulas ni recetas, ni modelos. La monogamia puede ser planteada de manera provisional, estratégica, no como una definición, lo que convierte a la autora en *Pasajera en tránsito*.

7. "Manifiesto del Colectivo Poliamor en México",[4] si bien es una declaración de principios éticos sobre el ejercicio de la libertad amorosa, es también un posicionamiento político frente a concepciones esencialistas sobre el amor romántico, la pareja, la familia, etc., que colonizan las relaciones de las personas, apropiándose de nuestros corazones, nuestras entrañas, nuestras carnes y nuestras almas.

Definen al poliamor como la decisión ética de reconocer la libertad de cada persona, con la posibilidad de establecer más de una relación erótica-afectiva-amorosa simultánea, de manera honesta, equitativa y comprometida en la formación de consensos con todxs lxs involucradxs para caminos de vida en común; así como el respeto a la autonomía y a la singularidad de las otras personas, y el empoderamiento de nuestros deseos.

Impugnan la familia nuclear, el amor romántico, el monosexismo y los celos como únicas alternativas de proyectos de vida social. Elegimos al poliamor como una vía mas no como una meta, ni como la idealización de una vida perfecta, afirman.

8. Nadia Rosso explora en su "Cuerpo lesbiano y la propuesta política contra-amorosa", desde la vivencia del amor y las relaciones

---

4   El manifiesto que a continuación se presenta, fue pilar fundamental del Colectivo Poliamor en México que existió durante más de 10 años en la Ciudad de México, sentando un precedente ético/político que reflexionó y propuso alternativas disidentes a la monogamia.

afectivas, la resistencia política del lesbianismo y la cuerpa lesbiana. Nos invita a reflexionar sobre las regulaciones y resistencias en torno a lo afectivo y sexual. La monogamia surge a partir de arreglos económicos donde la mujer es una moneda de cambio, en tanto imposición, se concibe a priori que el amor, en consecuencia, pre-define el amor.

Nadia discute el concepto de poliamor, porque refiere varios. Pero para vivir la disidencia amorosa, afirma, no es necesario siquiera tener una pareja. Implica replantearse los mandatos sociales, el mito de la pareja y el amor romántico; y aventurarse a construir relaciones horizontales, igualitarias, libertarias. No implica reglas como el tener una relación principal, y otras periféricas, o tener una trieja cerrada, o poder tener relaciones únicamente sexuales con otras personas además de la pareja principal, de ahí que propone el término contra-amor como más acertado.

Nadia nos confronta con diversas preguntas: "si no soy católica, ¿por qué vivo el amor monógamo, como dicta la iglesia católica? Si no soy capitalista, ¿por qué vivo el amor monógamo como microsistema económico capitalista? Si no soy heterosexual, ¿por qué vivo el amor monógamo como dicta el sistema patriarcal heterosexista? Si soy feminista, ¿por qué vivo el amor monógamo asfixiante y opresor de las mujeres? ¿Por qué, si soy disidente política, social, sexual… no puedo ser disidente amorosa? ¿Por qué se puede cuestionar el sistema económico, el político, los sistemas de producción, el militarismo, el patriarcado, la heterosexualidad obligatoria, la dualidad del sistema de sexo-género, el poder… pero casi nunca, nunca se cuestiona la monogamia obligatoria?".

9. "El ABC poliamoroso", de Diana Neri Arriaga, si bien es un texto muy difundido en las redes, a propuesta de la autora, decidimos incluirlo porque de manera muy clara, teoriza sobre las propuestas políticas, filosóficas, éticas, epistemológicas, ontológicas y estratégicas del poliamor. Destacamos la función económica que atribuye a la monogamia como pacto político que reproduce y da consistencia económica y social a la lógica capitalista.

El poliamor es concebido, en la propuesta de Diana, como *un terreno liberado*, un proyecto que se construye y replantea a cada momento. Subrayamos sobre todo la concepción libertaria del poliamor como una afirmación positiva sobre la liberación de nuestro cuerpo y nuestros afectos, donde la consigna "Ni Dios, ni Estado, ni partido, ni marido" es fundamental.

En tanto *epistemología radical*, apunta a cuestionar de fondo: 1) La manera de situarnos en nuestro entorno y los egos. 2) Nuestro modo de pensar y posicionarnos frente al discurso amoroso occidental y todas sus derivaciones contractuales. 3) Nuestra relación directa, cotidiana e inmediata con otras personas y las relaciones de poder. Y como *causa política*, propone otros modos de vivir el amor o las relaciones de afinidad, o camaraderías amorosas.

10. "Cuarteto, laboratorio experimental sin cuerdas", entrevista con Lidia Aguado, es una reflexión de la práctica vivencial poliamorosa, socializa su práctica tipo laboratorio experimental de un cuarteto y la forma como asumen cotidianamente, el manejo de los celos, del poder, de la comunicación, de la construcción y reformulación de las reglas internas, del cuidado interno como práctica transformadora.

Los celos no son abandono, nos dice. Una relación implica un posicionamiento de un modo fortalecido, porque la(s) parejas o socias no van a llenar expectativas o carencias. El lenguaje es colonial y sobredetermina conceptos que marcan reglas ontológicas, un deber ser. El lenguaje se acompaña de una perspectiva, una idiosincrasia, una visión del mundo. En esa perspectiva la pareja está definida como marca de posesividad y exclusividad, como la marca de un sello candente.

Es un reto transformar el lenguaje y la epistemología de las relaciones en términos igualitarios o equivalentes. Me comunico mucho con las compañeras de mi pareja, nos dice, las tengo mucho en cuenta, soy muy cercana a ellas, es decir, es una pareja amplia, flexible, somos socias.

Para Lidia la palabra consideración tiene mayor prioridad que amor. En tal sentido, hay que replantear los significados que ha tenido el concepto del amor.

Compartir amores por su contenido retroalimentador tendría que producir felicidad en todas las socias involucradas.

La búsqueda de la seguridad en la pareja con la permanencia o la construcción del patrimonio, crean ataduras, y se convierte esclavista. No voy a estar a mis treinta o a mis cuarenta viviendo en función de mis ochenta, eso es una condena, afirma Lidia.

11. "La libertad y el amor: contra-amor, poliamor, relaciones abiertas, ruptura de la monogamia obligatoria entre lesbianas del Abya Yala", recupera el taller del X Elfay, en Colombia 2014, un conversatorio desde la experiencia de 23 asistentes.

El taller reafirmó que, pese a las carencias de referentes, desde el empirismo cotidiano estamos generando conocimientos, es decir, construimos nuestra propia epistemología. Lo cual quiere decir que la experiencia es nuestra fuente de conocimiento, al tiempo que la apuesta de transformación. De ahí la importancia de generar espacios colectivos de intercambio.

En el ejercicio de la ruptura de la monogamia obligatoria cada relación es única e irrepetible, no hay recetario, lo que implica asumir la experiencia contra-amorosa o poliamorosa como un laboratorio permanente de acuerdos y cambios.

Si bien las reglas o acuerdos generalmente son producto de deliberaciones y consensos, anclarlos puede ponernos en riesgo de transitar las mismas rutas del amor romántico que exige fidelidad o exclusividad. Los acuerdos tienen la posibilidad de evaluación y cambio, teniendo en cuenta lo falibles que podemos ser con ellos.

La búsqueda de la completud alimentada por el amor romántico desvaloriza las capacidades de autonomía e independencia del sujeto, el amor no resuelve las carencias, ni uno, ni dos, ni tres. Los ejercicios de desapego alientan a la satisfacción autónoma de la emocionalidad, para ello es importante vivir consigo misma.

Si la propuesta contra-amorosa o poliamorosa parte del cuestionamiento a la propiedad privada sobre las personas, se requiere ampliar el cuestionamiento a la propiedad privada de los materiales, la filiación, etc. Requerimos hacer construcciones éticas alternativas o acuerdos colectivos para no entramparnos en las normatividades del Estado controlador y represor, que hecha la ley, hecha la trampa, y termina ligándonos a instituciones de control social como el matrimonio, la familia, la herencia. El Estado sabe que será mejor regular las relaciones proscritas que no regularlas, como aceptar matrimonios para tres, para cuatro, para cinco, a fin de hacer de ellos unidades económico-crediticias. Seamos conscientes de que las instituciones ofrecen una libertad administrada por el Estado para regular ideológica, económica, social y políticamente.

La deconstrucción de los espacios cotidianos es muy fuerte porque nos encontramos con distintas trampas, tenemos el patriarcado inscrito en nuestro cuerpo, en nuestro modelo de vida. No hemos sabido manejar los ámbitos patrimoniales al finalizar las relaciones, desde donde se ejerce o recibe violencia. Hay trabajo gratuito no valorado. La equidad o equivalencia no ha sido una práctica en las separaciones y las restas han primado por sobre las propuestas colectivas de convivencia sororal sumatoria.

Vivir la ruptura de la monogamia obligatoria, sea en poliamorosidad, contra-amor, relaciones abiertas o sexo casual, implica estar fuera de la norma, estar desterrada. Los modelos de pareja estables, muchos desde la normatividad, actúan como control social, descalificando la disidencia. Experimentamos este laboratorio en soledad, de modo clandestino, incluso en la mentira, de tal manera que estos espacios colectivos son fortificantes y tranquilizantes. El mandato de la monogamia es muy fuerte entre las lesbianas, las concepciones heterosexuales del amor romántico, como la pareja ideal, el matrimonio para toda la vida, son incluso más fuertes que en el ámbito heterosexual, por lo que la experimentación poliamorosa es difícil y causa pavor.

Las relaciones amorosas sean o no poliamorosas requieren de límites. Una relación implica dedicación, dos o más relaciones requieren mayor tiempo, atención, cuidados, energía amorosa, enriquecen pero los límites personales son tangibles y es importante ser consciente de ello.

La propuesta estratégica del diálogo y la re-significación de las experiencias como espacios horizontales, que no sea necesariamente cada dos años en un Elfay radica en los grupos de reflexión, de autoconciencia, espacios de diálogo con la pareja, con las amantes, con las amigas, armar interlocución permanente.

12. "Colectiva La Casa", entrevista con marian pessah, a quien ya conocen. Incluimos esta entrevista, porque considero valioso profundizar algunos temas. marian tiene un sueño, imagina un lugar sin jerarquías. Donde cada una tenga su espacio propio, un cuarto con baño, el resto, todo colectivo y solidario. Un lugar súper politizado, donde tan importante es el estudio y la reflexión, como el tiempo que pasaríamos en la huerta o en la cocina, elaborando y cocinando nuestras ideas, señala.

En la comunidad donde la tierra es de todas, la casa es colectiva, no hay dueñxs, las personas tampoco tendríamos propiedad emocional, las relaciones de por sí serían construidas de forma diferente, las relaciones fluirían de otra manera. marian reitera su apuesta comunitaria como un diálogo colectivo donde se destruye la imposición y se construye el deseo como lo íntimo, lo social y político, un amor comunitario.

Desde su experiencia comparte los procesos en la construcción de acuerdos, las formas como decidieron poco a poco abrir su relación de pareja, y ahora cómo siguen conviviendo como socias de la vida.

"Hoy, ya a un año y medio separadas con Clarisse, estoy teniendo una nueva relación. En este momento, a ambas nos pasa que tenemos ganas de estar solo la una con la otra. Eso no significa monogamia puesto que lo estamos eligiendo a consciencia. Es importante entender que la Ruptura de la Monogamia Obligatoria (RMO) es un pensar permanente, no una obligación de estar con varias personas simultáneamente. En el momento que se me imponga algo, la cosa deja de fluir y de ser en sí misma rupturista", advierte.

marian pone de relieve lo transitorio de los acuerdos y la construcción permanente de la relación soñada en la praxis, desde la prueba-error. Advierte que la transformación implica necesariamente voluntad y conciencia y resalta el cuidado amoroso que nos debemos.

13. "Ollin Kan… el eterno movimiento" es una propuesta retomada de la cultura mexica. Kitzia Montiel inicia su reflexión cuestionando al amor romántico: ¿Qué clase de amor te exige para su existencia el exterminio de todx lo otrx? La respuesta es clara: "El amor romántico".

Propone repensar y nombrar al poliamor desde un laboratorio personal y presenta tres ejes de acción: contra-amor/contramando, libertad/libertando, de-construcción/deconstruyendo. Para finalmente llegar al Ollin Kan, el eterno movimiento y el espacio infinito de lxs mexicas, donde una decide dónde desplazar-se, con quiénes compartir, cuándo guardar silencio y cuándo gritar; una elige a quiénes darles los afectos, decide cómo formar, asumir y crecer en colectividad, vivir en la libertad de querer y estar, adoptar el sumar como forma, sin propiedad privada, comprometerse primero con una, después con todas las otras.

Ollin Kan refiere al cambio como única constante, como fundamento de no inmovilidad, entrelazada con la ética del cuidado.

14. "Entrevista a Cuarto Violeta", una colectiva que al cierre de su existencia, decide compartirnos reflexiones en torno a los discursos sexo-políticos que generaron desde la práctica irruptora a la sexualidad normativa, mercantilista y privatizadora. Cuarto Violeta fue un espacio físico, ideológico y político, para compartir y disfrutar el erotismo colectivo entre mujeres, de manera libre, consciente, responsable y gozosa.

La cuerpa lesbiana, concebida como instrumento de subversión contra el sometimiento patriarcal y la competencia entre mujeres, reapropiada para el goce colectivo, la exploración, el conocimiento y el juego; obtiene una dimensión política de soberanía, reapropiación y descolonización.

A diferencia de las propuestas mercantiles de los cuartos oscuros masculinos, Cuarto Violeta fue urdido como un proyecto político crítico, práctico, irruptor y pedagógico: la "Ruta Violeta", fue dedicada a talleres o conversatorios para el ejercicio y disfrute informado, consciente, responsable y libre de la sexualidad; y las actividades de convivencia o fiesta para el goce, la experimentación y también aprendizaje colectivo.

Cuarto Violeta cuestionó las formas de construcción del deseo, el erotismo, la sexualidad monógama, parejil y privada. El carácter colectivo y público de las exploraciones sexo-placenteras nos permite algunos replanteamientos epistemológicos ¿Por qué la sexualidad está encriptada en relaciones amorosas que tienden a la privatización de los cuerpos, los deseos y los espacios de lo íntimo? La construcción del deseo colectivo-público pone de manifiesto la reconfiguración de una praxis comunitaria. En un momento histórico donde la economía global se ha propuesto eliminar la importancia de los bienes comunes, no únicamente sobre la propiedad de la tierra, también de experiencias solidarias que refuerzan lazos colectivos, para imponer lógicas privatizadoras de la organización social y la economía política, proponer experiencias colectivas de cualquier índole, principalmente de ámbitos que el capitalismo ha privatizado como los cuerpos y la sexualidad de las mujeres, es una verdadera ruptura epistémica y política.

Si bien el cuerpo de las mujeres ha sido uno de los primeros territorios que el estado ha intentado privatizar, para acrecentar el plusvalor de la economía capitalista, la soberanía de nuestro cuerpo es un desafío a la lógica de acumulación y en consecuencia una apuesta a la reapropiación de los bienes comunales. El cuerpo debe ser nuestro. Ni del estado, ni del mercado, nos recuerda Silvia Federici. Existe un interés internacional para impedir que las mujeres puedan decidir. El cuerpo de las mujeres es la gran barrera que el capital no ha sido capaz de superar. La privatización del cuerpo y sexualidad de las mujeres ha permitido su control individualizado. De esta manera, la experimentación pública y colectiva del placer sexual, dentro de marcos de la ética y el cuidado, representan rupturas y reposicionamientos a las políticas de control y expoliación de los cuerpos de las mujeres.

Experiencias colectivas como Cuarto Violeta, el Colectivo Poliamor, los programas de radio o los talleres de los Encuentros lésbico-feministas, entre otros, han bordado una labor pedagógica y concienciadora, al tiempo que cultivado un alto sentido crítico, capaz de poner la cuerpa en procesos de transformación.

A manera de reflexiones finales

Desde la experiencia situada, las reflexiones planteadas por las lesbianas coautoras de este libro han creado un aroma de reconstrucción de valores éticos, morales y políticos; provocan nuevas miradas sobre la construcción de los afectos, el deseo, el placer, el ejercicio de la libertad y el libre albedrío, nuevas miradas sobre el sexo colectivo y público, entre muchas otras provocaciones temáticas.

Han deshilvanado paradigmas como la verdad del amor romántico, único, complementario y eterno. Una verdad que daría certezas, estabilidad, felicidad y por tanto universalidad. Nada más falaz. La única certeza está ligada al disciplinamiento y la obediencia. Asumir las relaciones amorosas como laboratorios de permanente transformación, ha permitido develar que en las relaciones monogámicas priman dispositivos de control para la privatización de afectos, y puesto al descubierto los celos como un arma disciplinar del patriarcado capitalista que se encuentra profundamente instalado en el inconsciente de casi todas las personas y funciona incluso para marcar límites en las relaciones amistosas. Divide y vencerás, la estrategia del patriarcado tiene vectores que disciplinan principalmente a las mujeres, buscando su obediencia a cualquier costo, aun cuando este sea la amenaza de la soledad.

Descolonizar los vínculos amorosos permite pensar las relaciones fuera de los términos de propiedad y la administración estatal y, en consecuencia, desbaratar la lógica capitalista que ha puesto todo su interés en la privatización de los cuerpos de las mujeres para el plusvalor.

En tal sentido, pensar y vivir lo colectivo permitiría perderles el miedo a las carencias (personales, simbólicas, económicas o de cualquier índole), las que buscamos llenar con una pareja. El ejercicio de lo colectivo o comunal ha dado ejemplos irruptores de creatividad y apropiación de la cuerpa, que no necesita una única otra como propiedad para recibir placer y satisfacción.

Las voces pintan también un escenario de los cuerpos que importan, valen y se prefieren, blancos, heterosexuales, urbanos, funcionales, con capacidad adquisitiva para la corrupción. La biopolítica, el valor simbólico, económico y político de los cuerpos, es un vector de análisis que evidencia una tabla de valores sobre cuerpos femeninos y masculinos, que la economía neoliberal fomenta y valida. Valores coloniales que heredamos y se instalaron en la construcción del deseo y las aspiraciones. Sin embargo, las voces y los discursos aquí presentes dan cuenta de cambios pioneros que parten de la reapropiación de la cuerpa como territorio liberado.

Las diversas voces articulan una geopolítica del placer donde las cuerpas lesbianas, territorios de insubordinación y descolonización, encuentran en el placer desprivatizador ejercicios de transformación sistémica. Otro mundo placentero es posible.

1. Fragmentos (amorosos) de un discurso monógamo-disidente

Catalina Trebisacce y Virginia Cano

Esto no es una proclama o un programa de acción, ni siquiera es un texto escrito a pulso firme. En todo caso, un esbozo escrito a tientas y a cuatro manos, una interpelación que surge de las pulsiones erótico-amorosas de las que aquí nos damos cita. Es con suerte un tartamudeo que pretende, no obstante, sumarse a la producción de narrativas disidentes que apuestan a construir otras maneras de coger[1], amar y ser-con.

El legado de las hijas irreverentes

> Ella dice: "He visto recoger a mi madre los fragmentos rotos de su sueño de amor revolucionario. ¿Quién testimoniará por nosotras?"

> Ella responde: "Las otras, las que vendrán."

> Ella piensa: "Ellas nunca estuvieron a salvo. Nosotras no lo esta(re)mos tampoco."

La preocupación e inquietud por el carácter ético-político de nuestros vínculos personales constituye una de las tareas más fundamentales del legado de la(s) herencia(s) feminista(s) y de la disidencia sexual. Sin embargo, en términos biográficos, para nosotras las autoras de estas líneas, dicha preocupación constituye una especie de desvelo que nos ha acompañado desde temprana edad, a efecto, probablemente, de las apuestas, los aciertos y los fracasos que han tenido nuestras madres y sus amigas. Dicha generación bregó por relaciones sexo-afectivas que impugnaran la

---

1   "Coger", en castellano rioplatense, significa "follar" o "tener relaciones sexuales". Elegimos la expresión localista dado que es la lengua en la que hemos llegado a ser quienes somos.

costumbre imperante de los matrimonios por arreglo o por conveniencia. En esa misma batalla intentaban arremeter contra la jerarquía más evidente de los géneros hegemónicos. De allí que aquella generación reivindicase la posibilidad de construir relaciones sexo-afectivas estructuradas sobre el amor "verdadero" y la (hetero) paridad sexual y afectiva, reclamando compañeros –en lugar de maridos– e intentando constituirse en compañeras –en lugar de "mujeres-de..."–.[2]

Aun así, a pesar de su irreverencia y potencia, el gesto rebelde de nuestras madres quedó capturado en las rejas de la monogamia y la heterosexualidad (obligatoria). En su lucha contra las convenciones del arreglo y la jerarquía estanca entre varones y mujeres, el nuevo ideal regulativo del amor "verdadero" y entre pares acabó por exacerbar las ficciones de la complementariedad de los sexos y la exclusividad sexo-afectiva que rige la economía romántica del amor. En nombre de la paridad y la deconstrucción de las relaciones de poder asimétricas, terminaron por refugiarse en el (viejo) sueño de la díada heterocentrada. La fantasía de la "media naranja" ilusionó a aquella generación pero también la condenó a tener que vivir acorde a ideales románticos inalcanzables.

Exiliadas de la complementariedad, desertoras de la paridad

Ella dice: "No hay dos, no hay dos complementarios, no hay dos medias naranjas, no hay dos exclusivxs y excluyentes. Tampoco hay dos predestinadxs, ni hay dos para

---

2   La generación de jóvenes de los años sesenta y setenta no fue ni remotamente la primera en ensayar relaciones sexo-afectivas alternativas al modelo imperante. Ya lxs anarquistas de fines del siglo XIX y comienzos del XX habían procurado críticas y experiencias aún más radicales que las ensayadas por la generación que aquí mentamos. Sin embargo, nosotras las autoras, somos hijas de aquella generación más que de las anarquistas que, a pesar de nuestros deseos, no conforman parte de nuestras biografías familiares.

siempre. Somos muchxs más que dos (que no es igual a ser mucho más que dos)".

Ella responde: "El amor romántico sangra bajo nuestros cuchillos. Nosotras lo hemos matado. Ellas y nosotrxs".

Ella piensa: "Hemos ganado el derecho a ensayar, a experimentar y ser peregrinas de otros mares. Ahora son posibles nuevos peligros".

Los avatares de aquella generación, que debió recoger los fragmentos rotos de las ilusiones de su amor "verdadero" y revolucionario, acabaron por desestabilizar la hegemonía del amor romántico. Nuestro presente se asienta sobre sus ruinas. Y ellas conforman el horizonte ineludible en el que nos hacemos la pregunta por otras maneras de amar y coger. De allí que la inquietud no sea nueva, sino que es de algún modo el legado que nos viene del pasado, y que llega a nosotras en el modo de la tarea, el ensayo, el experimento e incluso el error. No somos en ese sentido ni las únicas, ni las primeras, ni las últimas en plantearse esta cuestiones.

Inscribimos, entonces, el cuestionamiento del amor romántico y la monogamia obligatoria como partes de un legado (biográfico e histórico) feminista y heterodisidente que se ha (pre)ocupado por la eficacia ética y política de ser-con lxs otrxs. En definitiva, el modo en que nos relacionamos sexual y afectivamente con las otras y lxs otrxs, en que cogemos, amamos, compartimos, soñamos, dialogamos, y escribimos con ellxs, sienta las bases en las que surge –y se arriesga– el nosotrxs. Nuestras nuevas maneras de amar quieren ser una batalla micropolítica orientada a descolonizar nuestros vínculos de toda economía erótica que piense a lxs amantxs en términos de propiedad, así como de la lógica binaria y jerarquizada de los géneros. Con algo de suerte, y con mucho trabajo de sí mismxs, algunos de nuestros amores-otros consiguen simultáneamente desestabilizar la mutilante maquinaria productora de los géneros y los sexos, así como la "privatización" de los vínculos que sostienen la lógica di-mórfica y complementarista de (pensar, entablar, acordar, soñar e intentar llevar adelante –pero también echar por tierra) las relaciones sexo-afectivas.

En el origen no hay uno. Tampoco hay dos. Podemos soñar, intentar, ensayar, imaginar, proponer, construir muchos y distintos modos de amar(nos) y coger(nos), de ser-con lxs otrxs, entre nosotras. Pero más allá de la lógica de la identidad y la diferencia, no hay un (único y superador) modo de ser-con, de vincularnos sexo-afectivamente entre nosotrxs. Nos preguntamos, entonces, ¿hacia dónde zarpan nuestros viajes erótico-amorosos? ¿Tienen una dirección, modalidad o estructura determinada? ¿Acaso sabemos mucho más que de donde nos alejamos? ¿Y qué peligros nos acechan? ¿Qué nuevas celebraciones de amantes seremos capaces de festejar?

Amantes de mares tempestuosos

Ella dice: "Quiero desear, no deber. Quiero no saber, no estar segura ni a resguardo. Quiero una intemperie compartida con vos, con lxs que seremos y con lxs que vendrán. Quiero lo que aún no puedo ni siquiera imaginar."

Ella responde: "Deseo tus retiros, aquellos momentos en que te veo partir y te siento (in)finita. Inaprensible. Abierta y volcada a otros horizontes, intereses, mundos y gente. A otros amores, a otras pasiones. Me quedo sola e (in)finita."

Ella piensa: "Queremos un nosotrxs otro. Queremos lo (im)posible"

La monogamia obligatoria y el amor romántico nunca han podido abandonar las coordenadas de "la verdad": la del "amor verdadero" y la de la "verdad del amor". Y esto porque se han lanzado a la búsqueda (y apología) de un amor único y excluyente, al que han llamado verdadero; pero también porque han sucumbido a la lógica de "la verdad del amor", es decir, a la creencia de que "el amor" se realiza (como tal) en una única forma, que demanda para sí el estatuto de real y verdadero.

Como la verdad, la monogamia y el amor romántico reclaman para sí universalidad (negándose a reconocer otros modos de amor) y necesariedad (legitimando un único modo de ser-con y de ligar el amor a la sexualidad). Poliamor. Relaciones libres. Parejas abiertas. Triajes. Compañerxs sin contrato monogámico. Amores libertarios. Todos estos nombres remiten a intentos y maneras de entablar relaciones sexo-afectivas no hegemónicas. Todas ellas buscan, por vías diversas, constituirse en monógamo-hetero-disidentes. Estos modos-otros, distintos entre sí, pueden ser interpretados (e incluso reivindicados) como ensayos singulares en los que el nosotrxs se arriesga a jugar el juego del ser-con, más allá de la lógica (de la verdad) de la monogamia y el par excluyente. Constituyen propuestas de relaciones acordadas, casi todas las veces, de maneras más o menos explícitas entre lxs allí implicadxs (y lxs que quieran implicarse). Son, cada vez, un ensayo "propio", producto de la singularidad del "nosotrxs" que emerge en cada encuentro.

Romper con el régimen de verdad monogámico implica, para nosotras, asumir el carácter contingente y singular de nuestro(s) vínculo(s). Lejos de la claridad y la distinción de la tierra del "amor verdadero" y "la verdad del amor", nos adentramos en las aguas –siempre devinientes– de la incertidumbre. Quizás el mayor de nuestros peligros sea, justamente, querer construir otra (nueva) verdad (amorosa/amatoria). Nada de este espíritu ni de esta voluntad de verdad impulsan nuestras líneas. Si hay algo que –sentimos– cabe reivindicar de estas nuevas maneras de amar y de estas sexualidades otras, es que no pueden ser subsumidas a la lógica de la verdad ni a la (deontológica) certeza que ella sostiene. Nuestros intentos pretenden explorar, para decirlo a la manera kantiana, el mar tempestuoso de las ilusiones que espera tras el abandono de la "isla segura de la verdad", haciéndonos cargo del carácter problemático, precario, incierto y perecedero en el que se (de)construye el nos.otrxs.

Este, nuestro deseo de amar(nos) de otra(s) manera(s), tiene la forma incierta de lo por venir. No pretende fundar una verdad del amor, ni sostenerse en la obligatoriedad del deber. En todo caso, se asienta en el flujo cambiante –e incluso contradictorio– de los deseos, las pasiones, las razones, los cuerpos y los (des)encuentros. Nos proponemos, por tanto, sortear la seducción del lugar seguro de los pactos monogámicos. Deseamos, de algún modo, la incertidumbre. Preferimos la intemperie de lo incierto que anida en la apertura, al resguardo de la cerrazón. Hallamos placer(es) en ese peligro.

Figuraciones de un nosotras monógamo-hetero-disidente

> Ella dice: "Quiero elegir esta noche, este mes o este año a alguien (o a varixs). Elegirlx(s) y preferirlx(s). Y quiero, de todos modos, poder revolcarme y amarme con otrxs."

> Ella responde: "Pesan, como cadenas, sobre mí las miradas de lxs otrxs."

> Ella piensa: "Yo le temo a mis ojos, creados con nuestra propia sangre derramada."

Sabemos de dónde partimos, pero no estamos seguras a dónde vamos. No-saber: he ahí una virtud (poli)amorosa. No sabemos cuántas seremos, cuánto durará ni cómo será. Nadie sabe lo que puede un amor. Quizás algo de nuestra libertad (amorosa y amatoria) esté en juego aquí, en el umbral del no-saber, de lo que desconocemos y aun así añoramos.

Declinamos las recetas hechas y las promesas salvíficas de mundos, relaciones y amores puros o correctos. Preferimos arriesgarnos a las posiciones problemáticas, precarias e incluso a los errores. Nuestros amores no serán superiores, ni siquiera serán más exitosos. En todo caso, serán otros, distintos, los nuestros.

Reclamamos nuestro derecho a experimentar y ensayar nuevos modos de amar, de coger, y de habitar el nosotrxs. Y también reclamamos nuestro derecho a equivocarnos, a fallar y recomenzar. Queremos rever, reinventar, criticar, repensar, y deshacer(nos) de nuestros amores cuantas veces sea necesario, posible, deseable.

Reivindicamos la legitimidad, relevancia y urgencia que comporta la re-creación de los modos de amar, coger y ser-con en nuestra(s) lucha(s) ético-política(s) por un mundo más vivible.

* * *

Nosotras, las escritoras de este texto, somos las amantes que se dan –aquí– a la tarea de narrar e imaginar su (im)propio amor:

Nosotras apostamos a honrar la finitud que signa nuestro encuentro amoroso-amatorio. Apostamos a enamorarnos de la condición provisoria de nuestro encuentro. Apostamos por ello a amar la irrupción que implica tanto la llegada como la partida de la otra.

Nosotras tememos, por eso, los peligros y las mil muertes a las que nos exponemos. Tememos los dolores, los celos y las incomodidades que nuestra apuesta puede comportar. Tememos, también, la mirada de lxs otrxs.

Nosotras queremos cuidarnos sin invadirnos, desearnos sin privatizarnos, exponernos sin rompernos. Queremos el reposo, la fiesta y la cercanía que saben construirse en(tre) las distancias. Por eso, queremos también las heridas, los peligros, y las opacidades. Queremos el amor y queremos su temblor.

*

Nosotras (nos) deseamos (en) un amor más generoso, más comprensivo, más flexible. Nosotras deseamos amarnos de un modo más amable, pero también más riesgoso. Deseamos coger(nos) hasta que nos duelan los muslos, los brazos, las manos, los dedos, las piernas, las lenguas, los labios, los huesos. Nosotras (nos) deseamos (en) este amor, (en) estos placeres, (en) estos peligros.

2. Amor en libertad

Rosa María Laguna Gómez

Soy lesbiana desde que recuerdo. Mi mamá no hablaba jamás de la sexualidad, ni genitalidades y mucho menos de diversidad sexual, así que crecí entre machismos y comentarios lesbi-homofóbicos. Mi mamá era empleada doméstica y no teníamos papá. Soy bajita, morena y nada agraciada para los estándares de aquellas épocas moralinas del barrio, así que crecí escuchando que los hombres no deben llorar, que me mantuviera virgen pal matrimonio y que cerrara las piernas por la decencia a guardar...

Tenía como nueve años cuando mi madre, a los 42, se enamoró de un tipo de 18 años, así que comenzaron un sexoso romance, y fueron mis primeras aproximaciones a las bajas pasiones, según las críticas y comentarios –por la diferencia de edades, porque era madre soltera, porque tenía tres hijas y un hijo–, etc. Yo era la mayor, así que en mí recaería todo el peso de la lástima, pues mi madre inconsciente metió al lobo entre las ovejitas y yo iba ser su primer presa.

Me fui de casa a los 16 años y trabajé de empleada doméstica aunque mi sueño era estudiar, vivir con mi mejor amiga y no casarme ni tener hijas e hijos. No había tenido novios, solo tropezones con algunos adultos mayores que me habían dejado muy dañada y arisca, así que en ese momento mis certezas de que las mujeres no eran una amenaza se afianzaban en mi mente.

Entré a la prepa donde conocí a mi mejor amigo gay, por primera vez me llevó a un bar gay y conocí a la mujer más hermosa del mundo, me lo parecía en ese momento. Pasan los años y sigo creyendo que ella es hermosa y lo mucho que me enseñó en nuestro primer encuentro marcó mi vida para siempre. ¡Utilizó condones y guantes de látex! Fue esclarecedor, tranquilizante y la verdad que para esos tiempos fue de las mejores lecciones de vida...

Pasaron los años y conocí a una mujer de la que de entrada me enamoraron sus ojos color miel, era una ternurita, lobita con piel de cordero, mi relación más violenta y la más apasionada. Yo trabajaba como bailarina en un club para hombres, y ella no tenía bronca con que yo bailara por las noches y bebiera con tipos para ganar dinero, pues con cada intento de separación ella lloraba, me suplicaba y ¡me pedía perdón! Yo cedía por amor y, a la inversa, hasta que se comenzó a ausentar algunas tardes, noches, días, retiros de una semana. La casa la compartíamos con su hermano menor Jorge y su esposa Liz, embarazada de 22 años, yo tenía 29. Pasamos mucho tiempo solas entre el primer y segundo embarazo, yo la apoyaba en lo que podía y sabía, ella era muy alegre, atractiva y activa, todo el tiempo estaba haciendo algo. Mi trabajo era de noche, llegaba a casa a las cinco de la mañana y despertaba por las tardes, yo era el amor de Diego su primer bebé. Cuando nació Mario, ella decidió amamantar a su hijo. En una ocasión entré a llevarle algo, no recuerdo qué y me estremecí. Ella entre risas nerviosas me gritó: "¡¡salte barbajana!!" Fue incómodo pero también sexy y un poco inquietante, mirarnos con esos ojitos brillositos, descubrir el gusto por alguien y ese alguien sea la cuñada de tu pareja y esa pareja sea una violenta y el hermano más violento que la misma pareja. Entonces descubrí el peligro envuelto en deseos y pasiones. Comenzó un coqueteo y flirteo. Liz era intensa y yo trataba de acoplarme, teníamos tiempo de sobra. Terminábamos la limpieza, las compras y nos poníamos a jugar con los niños, ir al parque o hacíamos ejercicios, llevábamos a Diego al kínder y poco a poco ya no extrañamos ni a su pareja, ni a la mía. Ella siempre llegaba a las citas, fuimos a bailar, a cenar, a comer, a marchar, a hacer mantas, a manifestarnos, siempre estábamos juntas... hasta el primer beso, ese que colapsa el estómago y sientes que reviven las mariposas muertas en la desesperanza de un destello de amor casi olvidado, la agitación de la respiración, el corazón a punto de desfallecer y ¡las ganas locas de coger! Después de unos días ya estábamos más acopladas a las pasiones, a vernos distinto, a discutir sobre cuándo iríamos a la ginecóloga. Nos cuidamos los cólicos y nos consentíamos con chiqueos en la cama muy temprano, yo dejaba de ir a trabajar para estar juntas y los días si llegaban las parejas, pues aguantábamos. Ella le platicó nuestra aventura a su amiga, mamá de un niño del kínder y que se quejaba de tanta soledad. Venía a la casa de vez en vez a platicar por curiosidad y algo de morbo. Y quisimos hacer una pijamada e intentar cosas nuevas entre nosotras, cosas si les daban ganas y querían experimentar. Se pasaron la voz y fuimos entre doce y trece mujeres que hicimos los jueves pijamadas para leer, ver películas y experimentarnos lo que quisiéramos. El terror de que alguien dijera algo o nos cacharan era extremo, nos daba miedo, claro, a mi menos que a las demás, pero de todas maneras yo era más lesbiana que todas las señoras casadas y con hijxs y esposos…

Duró un poco más de tres meses esta gran aventura. Creo que jugamos a aprender a besar, a autocomplacernos, a bailar de forma más erótica, a desnudarnos, a reír, a besar a otras, a tocar, a tocarlas y a buscar erizar la piel, jugamos a vestirnos de hombres, a abordar a la otra, a leer entre sueños, gestos y lenguajes corporales, aprendimos a practicar nuevas formas. Nunca dejaron a sus hijxs, los cuidamos entre todas, los dormíamos en la parte de arriba y nosotras en la sala, que era grande, proponíamos música, bajar la luz, hablar distinto. Creo que en ese tiempo todas cambiamos, descubrimos que se enamoraron algunas, que ya no la pasaban bien, que todo fue mega genial hasta que comenzaron los celos, el enamoramiento y esas ganas de amores exclusivos, que todo se puso denso entre algunas, que no logramos mejorarlo y tampoco superar que se separaran porque rompieron reglas del grupo –una, la de no enamorarnos–. Liz estaba un poco desilusionada, fuimos las más felices jugando a sacar la mejor parte de nosotras, a enseñar a otras a bailar, a tomar cerveza, a que no se te subiera, ¡nomás poquito!

Como al año me fui y ya casi no nos reuníamos, la relación con mi pareja terminó y nos separamos. Liz me ayudó a empacar, renté una casa, seguí trabajando, y como al año me dijo que si podía venir a vivir conmigo, le dije que sí. Yo ya vivía con una chica y Liz lo entendía, fuimos a trabajar juntas, bailaba genial, se estaba separando de su esposo y los cambios eran dolorosos, para ella, para los niños... La apoyé siempre y sabíamos que nos amábamos. Yo no supe manejar mi relación con Liz y mi pareja de ese momento. Liz decía que era una lesbiana enamorada de un cabrón (su marido), nos reíamos mucho de eso. Eso pesó con el tiempo y la hizo regresar con él y enterarse que él amaba a otra, ese amor de Liz por Jorge la hizo regresar una navidad y ya no volver a mi casa. Ese amor fracturado que se resquebrajó cuando a Liz le dio leucemia y yo le prometí que cogeríamos como nunca en su vida y eso la hizo recuperarse casi al cien para volver a su casa y salir enferma otra vez. Ese amor por ese hombre, que no pudo ayudar a que sanara y Liz muriera a los 28 años y yo perdiera a la mejor compañera de vida que he tenido.

Respondiendo a la pregunta: ¿qué es el amor libre?

Para mí, el amor libre es poder ser quien una quiere ser, amar en plenitud sin ataduras, ni cadenas de ningún tipo. El amor libre es un sentimiento que nos han enseñado a manipular, pero que en el fondo es universal y que, si bien no es exclusivo, sí es infinito y lo sentimos por personas, por actividades que nos gustan, por momentos añorables, por nuestras mascotas, nuestras sobrinas, por nuestras madres, amigas, amantes, parejas. Por una u otra razón yo creo que las amoras de nuestras vidas son muchísimas, que no puedo reducir mis sentimientos a una sola persona, que tengo claro que soy rara porque el amor en libertad puede ir, venir, estacionarse, cambiar, regresar, perderse, esfumarse, desvanecerse. El amor es eso, lo podemos controlar porque es una decisión, amar es decidir, no es incontrolable y a tiempo podemos controlar las emociones y decidir estar bien, amar con pasiones desmedidas y alocadas o con suma tranquilidad enfriando la mente y relajando el cuerpo.

La libertad para tener una o más parejas se reduce a los prejuicios con los que crecimos, con la educación que recibimos como mujeres, con la idea recalcitrante de la fidelidad, que para mí no es más que control. La fidelidad no existe, es una construcción social bastante desigual. Humanamente me parece imposible pasar la vida enamorada de una sola persona. A lo mejor en un acuerdo llegan a vivir los años acopladas a una vida. Pero me parece que se pierde esa adrenalina de llegar a la cita, escoger el vestido perfecto, los zapatos, el maquillaje, caminar emocionada y llegar a ver la carita de la otra que se queda en asombro, compartir ideas, sueños, risas, tardes, actividades es maravilloso. La vida en pareja puede ser genial, mas no creo que mi pareja solo tenga ojos para mí, que solo esté enamorada de mí, que no haya otra persona en este mundo que le guste más que yo.

No lo creo, en toda mi vida yo corroboro una y otra vez cómo parejas que llevan años consolidadas se separan, o una de ellas explota y dice lo que lleva años viviendo, heterosexuales o no, parejas que inician muy jóvenes, parejas maduras, parejas que llevan treinta años juntas, o quince. Ya no es hasta que la muerte nos separe, sino hasta que otra pasión más fuerte lo haga, creo que depende de cómo una pareja resuelve estos conflictos que continúan juntas o se separan.

¿Cómo asumo la posibilidad de transgredir la monogamia?

Últimamente expreso mucho más mis deseos de estar con otras personas en la cama, antes sentía que era inapropiado y que podría lastimar a la persona que amo por decir esto, aunque es muy difícil encontrar a una mujer que acepte practicar el poliamor, ya no les suena tan descabellado cuando lo planteo…

Por otra parte siempre cuestiono la monogamia, entablo discusiones de los pros y los contras que casi siempre son contras para las mujeres, o para las mujeres más pasivas, o rosas, o fems, ellas son las que creen en un amor más romántico y monógamo, eso me llega a molestar. No sé qué tan rosa o violeta sea pero sigo creyendo en la libertad amatoria, aunque me ha costado engañar, herir, mentir y pasarla muy mal por atreverme, por hacerlo pese a los acuerdos y pese a las consecuencias desastrosas que han tenido.

Amar es una decisión y una toma sus propios riesgos y algunas veces digo que no me voy a enamorar y termino hasta las manitas de quién menos pensé. Tengo mis parámetros bien definidos: que no sea buga (heterosexual) porque casi siempre resulta que estaban experimentando o resulta que son de las felices en esta su relación de ensueño y el proceso de adaptación a ser lesbiana es largo y muy pesado, y ya me cansé de ser guía. Que no sea extranjera porque los amores lejanos son muy caros y siempre hay una que deja su terruño querido. Que no sea del clóset porque estoy hace bastantes años asumida, esos amores de clóset son bastante dolorosos y poco aconsejables para una vida plena. Que vivan solas, y por último que bailen, que bailen mucho porque bailar me erotiza y me apasiona, eso sí que no es negociable, lo demás ya se resuelve en la marcha, sin embargo pues me he enamorado de mujeres que justamente tienen todas estas particularidades, ¿qué pasó? Que me enamora su inteligencia, y mil cosas más que hacen que mis parámetros queden de lado, que sí influyen las emociones y que cuando miro a una mujer que me impresiona, que me gusta, que me parece hermosa, pues paso a olvidar los "parámetros" porque sí hay emociones mezcladas desde ya...

En cuanto a la pregunta si se es posible vivir una sexualidad en libertad, creo fielmente que cada vez son más las personas que se sienten atrapadas en relaciones monógamas, cada vez son más las mujeres que viven solas, en relaciones a distancia, en relaciones con personas de otras partes del mundo, yo pienso que existe mucha codependencia, yo alguna vez la tuve y sufría si no estaba cerca de mi amada, hoy vivo la vida y el amor de formas distintas, porque sí he practicado una sexualidad responsable y mucho más libre que muchas mujeres que conozco y con las que convivo.

Si es posible ejercer el amor y la sexualidad en libertad, yo creo que sí, si nos deshacemos de los apegos, si creemos en nuestra relación amorosa afectiva con nuestra pareja, si confiamos en nosotras como mujeres llenas de amor, pasión y goce, si amamos plenamente, si nos permitimos amar en libertad, sin miedos porque el miedo es el que nos hace dudar y padecer en las relaciones cuando son muy estrechas, miedo a perder a la persona amada, pero creo que no perdemos nada, porque las personas no nos pertenecen, se pertenecen a sí mismas y eso es algo que merece ser respetado.

La vida cotidiana da para relaciones de cualquier tipo, conozco a lesbianas que ligan cada noche, otras que están en una búsqueda del amor de su vida, otras que cada que tienen pareja desaparecen de las fiestas bares y reuniones por miedo a que les bajen a la chava, creo que la vida cotidiana da para el amor que se ajuste a nuestra forma de pensar, que yo puedo estar como yo quiera y amar en la justa medida en que puedo.

3. Poliamor: ¿Para qué definir lo natural?

Áurea Sabina

El poliamor, para mí, es la posibilidad de enamorarme y, a la vez, establecer relaciones erótico-amorosas con más de una persona. Lo voy sumando, a veces una se enamora de otra persona, pero no se atreve a transgredir la monogamia. No obstante, si los sentimientos y sensaciones están presentes, aunque desde el cuerpo no se exprese, existe. Si parto desde este punto, puedo admitir que he sido poliamorosa desde siempre, aunque no en todos los momentos.

Fui criada como muchas mujeres, bajo los preceptos de la monogamia y la heterosexualidad. Descubrí que me gustaban las chicas a los once años. Para entonces, ya tenía conciencia de la homofobia, la experimenté en la secundaria. Fui objeto de sorna. Mi único refugio fue la literatura.

Mi primera relación de noviazgo fue a los 16. Ambas estábamos muy enamoradas. Dialogábamos mucho, nos divertíamos. Deseábamos pasar la vida juntas, vivir en la misma casa, tener perros... Siempre le fui "fiel" (bajo los términos sociales, porque creo que la fidelidad solo es posible en la reproducción de audios, videos o copias de manuscritos), porque no me nacía el deseo con nadie más.

Los primeros tres años de una relación, la oxitocina es fundamental. En ese tiempo creía que era lo natural del amor, que cuando amas a alguien no le "dañas" con el cuerno, no le mientes, no le "fallas", etcétera. Por otro lado, quería "demostrar" que ser lesbiana no me hacía "promiscua", así que debía mantener mi estatus ejemplar de monogamia.

Pero algún día todo eso "bonito", se me hizo pequeño. Como toda epifanía, reconocí que me enamoraba de otras mujeres: creativas, cultas, divertidas, locas, desestabilizadoras, brujas, similares o distintas a mi novia.

Si bien, con ninguna establecí otro tipo de vínculo que el amistoso, me sentía mal, pues creía que no era adecuado. Para mí, es más intenso ocupar el pensamiento en alguien que el cuerpo con alguien. Lo que pasa en el cuerpo es efímero; lo que pasa en el mundo interno es aún más fuerte. Si pasa a ambos niveles, todo es armónico, pero entre mi cuerpo y mi sentir no había mucha congruencia.

Fue durante una relación, más o menos estable, donde pude reflexionar un poco más. Por principio, no era equitativa: ella deseaba mantener otras relaciones (y las tuvo, a escondidas, claro), pero bajo ningún precepto quería que yo las tuviera. Hubo muchos celos, muchos dramas, escenas a las dos de la mañana en las fiestas. Fue violento, además, porque siempre se victimizaba. Reconozco que, por desgracia, me amoldé un poco a ese tipo de relación.

No me molestaba que ella coqueteara, en sí, sino que la cosa no fuera pareja, o que me mintiera. Pasaba lo que siempre pasa con las personas posesivas: no quieren que nadie se te acerque, que a nadie mires, que a nadie le llames, porque muy seguramente ellas están mirando, acercándose o llamando a alguien más. Reflejo de lo que se es y, a la vez, de la propia inseguridad y autoafirmación a través de la mentira.

Reconozco haber sufrido por los cuernos que me puso. Pero, insisto, el problema no es que lo hiciera, sino que tuviese que esconderse, y luego, mostrar una conducta intachable. Había de dos: o perdonaba o me alejaba, pero ni pasaba una ni otra.

Un día conocí a otra mujer. Me enamoré, no en términos románticos, sino en términos intelectuales. Gracias a que me incitó al autoconocimiento, a mi verdadera vocación en la vida (la escritura), pude desplegar mis alas, pude salir de esa maraña llamada "relación de (dis)pareja" donde permití tanto daño moral. Mi fascinación crecía y crecía. Pude entender que se puede querer a dos personas, de distintas maneras e intensidades de manera simultánea. Mi novia, al percatarse de mi "deslealtad", se convirtió en mi celadora. Un día me dijo: *o ella o yo*. Y, obviamente, opté por la mujer que estaba acompañándome en el tránsito a la vida. Tampoco fue tan fácil la separación. Por más que quise abrir la relación, ya no había modo. Incluso cuando ella aceptó, yo simplemente no quería estar ahí.

A partir de ese momento todo comenzó a caminar de maneras insospechadas, pues empecé el largo y sinuoso camino del autoconocimiento. Como empecé a tener más tiempo para mí, pude charlar con muchas amigas y amigos. Vislumbré un fenómeno común entre el 90% de las parejas estables que tenían más de un año de relación: en todas, al menos una (o) de las (os) dos había buscado una relación (desde un simple encuentro sexual casual hasta un vínculo estable) simultánea.

Pero de ningún modo esto significaba que las parejas habían dejado de amarse. En algunas ocasiones, eso fortaleció el vínculo. En otras, se precipitó el final. Pero de cualquier modo, esa experiencia nos va mostrando lo que, considero, es la naturaleza humana. Pude entender que el problema no es el acto en sí, sino la bola de ideas con las que nos llenan. No sufrimos por la presencia de otra (o), en realidad; el malestar viene porque la realidad y lo que dicen se contrapone, y dicen que eso no es amor, que eso está mal, es pecado, delito, etcétera.

Hace poco una amiga me dijo: "Es que tú reflexionas mucho. Y eso es algo que admiro". Mi vida a veces se vuelve un poco lenta (aunque nunca estática), pero me gusta, porque me tomo el tiempo para revisar lo que ando pensando y haciendo. Procuro, en la medida de lo posible, mantener la congruencia. Y descubrirme y aceptarme poliamorosa me agrada. No es de todo sencillo, porque incluso a pesar de los consensos, de las charlas, no falta quién se sienta mal, con culpa, con un enorme arrepentimiento.

No me gustan las personas reaccionarias. Y en cuanto alguien me dice que el poliamor está mal o es para personas enfermas, en vez de discutirlo, solo sonrío y me quedo callada. También del lado contrario: quienes creen que es la panacea, el modo adecuado en que nos debemos relacionar todas (os), me pasa lo mismo. Ojalá pudiéramos respetar las decisiones de la otra (o). Me gusta compartir, pero, como ya he dicho, no me gusta tomar algo por bueno solo porque a mí me funciona.

Una vez, me enamoré muchísimo. De esas veces que sientes que todos los planetas se alinean, que todo tiene solución, camino, posibilidad. Que, como bien dice ese delicioso son: "...no habrá una barrera en el mundo que mi amor profundo no rompa por ti". Y me lancé como se lanza el Loco del tarot: sin importar el precipicio; mi mirada estaba en el sol.

Ella tenía una "relación abierta". Cuando me dijo eso mis ojitos brillaron, pues por fin sabría bien a bien de qué iba. Fueron meses (años con pausas) hermosos. Ambas nos queríamos mucho y, según yo, éramos muy compatibles. A determinadas horas ella debía estar en casa, porque llegaba su... pareja principal... Mientras tanto, por las tardes, llevábamos nuestra cotidianidad mágica. No recuerdo haber sentido precisamente celos. Funcionábamos bien dentro de nuestra burbuja.

Yo hubiese querido estar con ella por muchísimos años. Hubiese querido que, si en algún momento yo pudiese entregarle más (materialmente hablando) me encantaría que viviera en ambas casas (la suya, con su chica y en la mía). Yo no hubiese tenido problema en relacionarme con su chica. Más bien, fue ella. De cualquier modo, sé que su chica lo intuía. Al paso del tiempo hubo cosas que me desconcertaban. Una de ellas: ¿por qué, si la otra chica estaba de acuerdo en tener la relación abierta, no quería enterarse de mi existencia? ¿O por qué, si la intuía, no permitía más flexibilidad en los tiempos para nosotras compartir?

Poco a poco descubrí que ella tenía un sentimiento de culpa. Supe que, más que ser poliamorosa, estaba viviéndolo como se vive un cuerno tradicional, con esa gana de no ser descubierta, con sentir que si pasaba tiempo "de más" conmigo, o si iba a ciertos lugares donde la conocían con su otra pareja, estaba excediéndose. Dejó de sentirse libre de andar en todos lados conmigo, empezó a sentir pudor... Nunca tuve ningún inconveniente con ella, excepto porque ella no quería darse. Ante eso, yo no podía hacer más. Para mí, ella era parte de mi mundo. Para ella, yo era el escape del suyo.

Para mí es importante saber de las otras personas. Finalmente, de eso se trata, de compartir experiencias. Mi estado ideal sería vivir sin mentiras, por muy piadosas que sean, sin tener que negar lo que se vive o siente. Sin que la otra persona se sienta agredida. Y, obviamente, esperar lo mismo de una: no enojarse ni ponerse flamenca porque la novia, amante, amiga cariñosa está saliendo con alguien más. Porque de lo contrario, estamos cayendo en el lugar común: la deslealtad en una pareja. Si no se sabe, si no se habla, no es poliamor. Es mentira, sin más.

He conocido personas poliamorosas que en el discurso son muy abiertas, pero apenas miras a su pareja y corren a besarla, a marcar lo que inconscientemente creen que es de su propiedad.

Tiempo después salí con otra chica, quien supuestamente estaba separándose (sí, ese viejo truco que todas conocemos, también las lesbianas feministas...). Ella me dijo que era monógama y que eso del poliamor no era lo suyo. Yo le expliqué que a mí no me parecía mala idea, siempre y cuando todas las personas estuvieran conscientes de la dinámica.

Al poco tiempo, volví a ver a la chica de quien me había enamorado muchísimo. Entre la química, la física y la alquimia... volvimos a establecer el vínculo, sin títulos, sin obligaciones, sin promesas, sin futuro...

Ella sabía que salía con otra chica; ahora, las dinámicas cambiarían. A veces, después de verla a ella, veía a la otra, así como mi "no-compañera" iba a casa a esperar a la suya. En uno de esos días, la nueva chica y yo dejamos de vernos, porque finalmente nunca se había estado separando.

Y han pasado muchas cosas entre una y otra historia. He tenido vínculos afectivos o corporales con personas que, a su vez, sostienen relaciones afectivas o corporales con otras. ¿Cuántas veces me he ilusionado? No lo sé, no podría definirlo.

No me niego a ser monógama, pero precisamente no puedo dejar de ser poliamorosa. ¿Cuál es la diferencia? El sentimiento. He descubierto que a veces puedo tener emociones o sensaciones eróticas con algunas amigas. Esto no me lleva, en modo alguno, a acercarme de ese modo, porque a veces creo que se complicarían las cosas. Temo mucho echar a perder un vínculo solo porque a mí se me ocurrió llevar la relación a otros niveles. Pero lo vivo en mi interior.

Puedo respetar un acuerdo de exclusividad corporal, pero ¿quién puede detener el deseo? A veces, son afectos y emociones de unas semanas o días. A veces durarán incluso años. A veces serán dos o tres al mismo tiempo. A veces, no habrá nadie habitándome, no de esa manera, pues.

Por otro lado, la amistad para mí es maravillosa. Comparto tiempo con mis amigas y amigos. Es con quienes puedo ser quien realmente soy, sin poses, sin necesidades imperiosas de vernos por costumbre, sin celos, sin querer poseerles. Es una de las expresiones más bellas del amor.

¿Qué es para mí el amor? El deseo de bienestar. Cuando una ama, empezando por una misma, se procura. Se busca el equilibrio en la vida, entre la mente, el cuerpo y el alma. Se busca el placer y se acepta el dolor. Se acepta la sombra, se transforma lo que no da mucha oportunidad al crecimiento. Se sostiene un diálogo constante.

Eso pasa con las y los demás: le aceptas, le procuras, en la medida de lo posible, bienestar. Se trata de caminar a la par, de confiarse, de ser vulnerables sin miedo a salir heridas(os). Habrá días en que se molesten por alguna tontería, pero si se interesan, se buscarán, se querrán, y serán felices de la felicidad ajena.

Si además de esto, hubiese deseo, ahí está la completud. Pero no se necesita "culminar" con un acto erótico. Pero no siempre se necesita sentir el deseo para que sea completo.

Hace muchos años, una amiga me dijo: *la amistad también es amor, y prefiero ser tu amiga siempre que tu romance. Porque, ¿cuánto nos duraría?, ¿tres meses, un año, dos? Mejor así, relacionémonos de otros modos. El deseo complica todo. Yo no lo quiero así. Acompañémonos. Ven a casa, construyámonos a partir de la amistad.*

Y así ha sido: en seis años hemos construido un vínculo bello. Bizarro, quizá. Mantenemos un cotidiano, nos vemos con suma frecuencia, vamos al cine, al teatro. Arreglamos cosas en su casa, me da recomendaciones para el trabajo. A veces pasamos hasta dos días juntas. Su familia me conoce muy bien. Es más, soy considerada parte de. Hay quien piensa que soy su hija; quien piensa que soy su amante. Hay quien sabe perfectamente que somos amigas. No me cuestiono si nos deseamos o no. A veces creo que sí; otras, que no, que simplemente estamos tan cercanas que no sentimos invasión al espacio vital. Nunca nos hemos besado. No sé si lo haremos. De momento no es la finalidad de nuestro vínculo. Nos importa crecer juntas y cuidarnos mutuamente.

A ella le he escrito lo siguiente:

"Ella me conoce. Tiene olfato para mi miedo y mi dolor. Sonríe ante mi alegría, que a veces es un poco suya. Y si mato alguna flor, porque en mi inconsciencia pasé sin ver, me muestra que ella es un jardín abierto, que todo se muere, que hay que volver a plantar. Ella me gasta bromas. Y me muestra el claroscuro. Refuerza mi fe. Le encanta morderme el orgullo.

A veces, lo único que necesita es la certeza de mi llanto para saber que me tocó. Ella me muestra la humildad de lo cotidiano. Es sarcástica. Y un poco recelosa de quienes no comprenden que soy quien soy. No necesita que lo enuncie: me lee en el silencio, en los gestos, en este costal de huesos (Sabina dixit) que se manifiesta o se quiebra.

Ella conoce mi monstruosidad, mi lado flaco e insomne. Impertérrita permanece. En silencio, permanece. Observa la tormenta. Me acerca un plato de sopa o una copa de licor. Camina conmigo o me deja ir. Me dice la más hiriente verdad.

Y yo me aguanto. Me abraza fuerte cuando nadie la ve. Se ríe con todas las ganas. Comparte lo que tiene. Confía en mí.

Ella muestra sus heridas, de madrugada. Nos conocemos las lágrimas y los corajes. Y las envidias. Y la infancia. Dimensiona, en la justa medida, nuestras edades. Ella me perdona. Yo también la he perdonado. Es más, le he querido. Ella me tiene listo un café apenas abro los ojos. Ella no es mi otro yo, pero sí mi otra casa".

No importa la etiqueta que nos pongan. Eso lo hemos hablado ya. Importa el cariño, los momentos difíciles que hemos compartido, las alegrías, las sorpresas, los detalles que nos dan felicidad. La manera en que nos contamos todo. Pero este vínculo no me ha impedido, en ningún momento, establecer otros.

Estoy soltera. No me incomoda. Vivo el amor desde mi particular forma de pensar y sentir. Tengo amistades muy intensas. Pero también me gusta estar a solas. Me gusta elegir lo que haré cada día, y cambiar de planes si así me place.

Ahora, encuentro que es complejo establecer una relación. No busco precisamente una pareja, o no bajo los cánones tradicionales. Obviamente me gustaría compartir con alguien todo lo que hago, pero tiene que haber mucha honestidad al respecto.

De entrada, siempre les digo: *prefiero las relaciones abiertas*. Quizá no salga con nadie más, ni ella, pero me parece mejor tener contemplada la posibilidad desde un principio. Eso ahora, supongo, escenas de despecho, de celos, desamor y violencia en cuanto se dé. Creo que puedo estar con una sola persona por tres años. Nunca he tenido un vínculo amoroso por más tiempo. Pero si es posible que la relación dé para más, me parece súper importante y honesto hablar sobre la apertura. O quizá me quede para siempre en ese sitio, con esa persona. Una nunca sabe.

Hace no mucho escribí al respecto. Y tuvo mucho éxito en el Facebook. Esto me ayuda también a descubrir que no soy tan rara como a veces me hacen saber. Es muy positivo saber que no soy la única que piensa de ese modo.

"Tengo derecho a no enamorarme, a no querer invadir un cuerpo, a no dedicar todos mis fines de semana a una persona; a ir al cine, al teatro o a donde quiera, sola. A no dar explicaciones por mis cambios repentinos de planes. Tengo derecho a no ser obligada a ver a alguien solamente porque "ya habíamos quedado", a no ser chantajeada, a no querer construir un cotidiano, a no llamar todos los días. Tengo derecho a no extrañar (o extrañar a quien quiera), a no recibir llamadas a las tres de la mañana, a dejar de sentir lo que alguna vez pudo ser magia. Cada vez me es más difícil hallar magnética a una persona. El deseo no se fuerza; de lo contrario, desaparece toda posibilidad. El amor es otra cosa, y puede expresarse de muchas maneras que no necesariamente tiene que ver con una "relación". Prefiero los vínculos intensos, la libertad de hacer lo que cada quién quiera, sin violar las decisiones de alguien más.

Hace tiempo dejé de creer en el constructo de "pareja". No creo en la monogamia prolongada, en el "tú y yo para siempre" (excepto en términos de amistad). En tener la casita, los hijitos, el perro y los domingos con su o mi familia, en las compras de despensa, en "mis amigos son tuyos y viceversa", en comprar boletos para todos los conciertos, en el "paso por ti al trabajo", en "te caí de sorpresa", en "todo lo mío es tuyo", "quiero tatuarme algo que represente nuestro amor", "no te vayas". Las personas cambiamos constantemente, y porque soy tan cambiante, no podría someter a nadie a mi tempestad. Prefiero que su corazón se rompa y luego se repare, a que se condene a la constante ruleta rusa de mis emociones".

Huracán de certezas

No veo pecaminoso elegirte
aun cuando te comparto
con toda conciencia
sin pensar
o pensando demasiado.
Poco a poco mueres, dices,
con tus historias a cuestas
y los charcos donde navego.

Construimos un mundo propio
herido por el resplandor
la caducidad de tus horas fijas,
de tu espanto ante el milagro
o la desconfianza en un mañana
que me viste con tulipanes
no aptos para tu invernadero.

Se nos van en besos
las calles empedradas
el té a media tarde,
libros, hojas, debates,
y una plegaria
flor de loto nuestros pechos.

Te vuelves extensión de mis manos:
sobre una pileta de agua clara
Piedrecillas que hacen círculos,
son mis dedos sobre tu espalda.
Madera de oyamel:
te pulverizaron mis llamas.
No me detiene
la condena perpetua de domingo.
Tampoco las murmuraciones
que nuestra unión despierta.
Me llamen como me llamen
sólo a tu voz atiendo.

Somos amantes: amamos.
También un caleidoscopio.
Huracán de certezas
sin sueños
más allá de este momento,
aunque se prolongue
indefinidamente.

Las tres fuimos manzanas de discordia entre las otras dos. Nunca estuvimos verdaderamente a solas. O quizá alguna vez. Los sueños nunca nos han mentido. Ir y venir en silencio. También con bombo y platillo. Nadie, entre nosotras, supo nunca nada. Ni siquiera sobre nosotras mismas. Ya ven: llovieron mentiras y certezas. Siempre hubo tres dedos de distancia, una noche que se hacía media, una sonrisa amarga, un muro de cristal. Laberinto de peras. Dimensiones paralelas. Verdades a medias, como estocadas. Habitar la casa de una y soñar con otra. Pisamos el mismo suelo al mismo tiempo. Y nada. Ustedes se miran, altaneras y dulces. Mejor bajo la mirada. Los sueños, sueños de aire y fuego, nos unen, allí, en el vórtice de desconcierto, en un mural cósmico e inacabado, sin que así lo deseemos.

4. Ahora que eres Alma pura

Norma Mogrovejo

Tu nombre más celestial que la Pachamama. Tu nombre se antojaba celestial cuando tus pies parecían más pegados a la Pachamama. Nuestro encuentro, querida Almita, angelita de la guarda, dulce compañía, fue a pesar tuyo, mío, de las diosas y las ancestras. Fue karmático, lo advirtió la astróloga. De pura voluntad, ánimo y deseo a pesar de tan distintas concepciones sobre el amor. Con cualquier otra, fiel creyente de la fidelidad, te hubiera ido mejor. Me sentí la peor de todas porque creí que no te merecías tal vileza de la vida. Pero pese mi advertencia, apostaste a quedarte y gozar de la adrenalina. No aguantas nada, corazón, si es cierto que mentí, fue por miedo a perderte. Soñaba y jugaba que me aceptaras amándote, no solo a ti y únicamente a ti. Intenté que compartieras mi lógica, una pareja sólida estable, de vida, con libertad y sin apegos. Los celos te ganaron la partida y también me la ganaron, porque asumí con culpa mi falta y no defendí con vehemencia que los celos son responsabilidad de quien los siente. Me bajo del tren, dijiste, pero nunca bajaste del todo, tampoco lo permití. Ninguna quería, y estuvimos viéndonos y tocándonos a través de la ventana. El amor se hacía impositivo, el deber o la nada y cuando me elegí a mí misma, no podía ser todo para ti, entonces fue la nada, total y absoluta. No creí que tu despedida fuera en serio. No me permitieron ver tu cuerpo, ni estar en el último adiós. No pude ni salvar tu intimidad de la voracidad familiar. Lo más doloroso fue saber que tu partida no fue decisión tuya, sino de tu familia. Conmiseración eutanásica. Pero lo más doloroso fue no saber que dolías tanto, que la soledad te abrumaba, pero no me permitiste cerca, únicamente porque me sabías acompañada. También pude acompañarte, Almita, también pude besar tus labios y tu cuerpo adolorido, expresándote cuánto te amo. Perversos juegos de la vida. Digerir tu partida ha sabido a culpa, arrepentimiento, reflexión y aprendizaje.

Aún quisiera vislumbraras más caminos entre el todo y la nada, donde la libertad cabe sin dolor.

5. Pradera volcánica

María Julieta Silva Massacese

Dictamen
La comunidad con las mujeres en lo libre: éxito.
Es propicio atravesar las grandes aguas.
La perseverancia trae ventura.

Libro de las Mutaciones
Hexagrama número 13, versión libre:
"La comunidad de las mujeres"

Le regalé algunas de las mejores piezas de mi colección de minerales. Eso es al menos una imagen, una figura del amor. De ellas una era extremadamente rara y particular: un corazón de thunderegg, excepción a algo de por sí excepcional. Los thundereggs son rocas nodulares que portan en su interior elementos gemológicos. La petrogénesis de este en particular nos remite a la caldera volcánica de Piedra Parada, en la meseta chubutense, un domo vitriofírico resultante de un complejo volcánico que modificó totalmente la geografía de la región en el Paleoceno, es decir, hace sesenta millones de años. La caldera explotó sobre una laguna, por lo que fueron frecuentes las bolas de lava que fueron lanzadas y cayeron sobre ella, enfriándose rápidamente. Como capullos, algunas alojaron dentro residuos de calcedonia y ópalo, de manera que hoy encontramos huevos de trueno cerrados y abiertos. Por fuera una roca tosca, por dentro coloraciones rojas, blancas, y tierras de diferentes niveles de cristalización.

Ella había vivido una parte de su niñez a cien kilómetros del pueblo en el que nací. Se había criado en la meseta chubutense y había algo de esa energía tan particular como incomprendida que nos unía irremediablemente.

La nacionalidad argentina se construyó en gran parte mediante la mal llamada Conquista del Desierto. Sí, la colonización y el genocidio de los pueblos originarios se llamó Conquista, y los tan preciosos y diversos espacios fueron llamados Desierto. El jefe de la expedición y entonces presidente –Julio Argentino Roca– aún ilustra los billetes de mayor denominación de la moneda nacional.

Por mi parte, me crié en un clima de transición, más cercano a la cordillera. Descubrí la meseta tiempo después. Se trata de un bioma imponente y misterioso, muy árido, de vegetación baja, temperaturas por debajo de los 20° bajo cero en invierno, y vientos rapidísimos. Un lugar poblado antigua y actualmente por mapuches, tehuelches, paisanxs argentinxs y chilenxs. En la actualidad, es un terreno infinito con manchado de algunos paradores rurales, espacio abierto que nunca tuvo nada de desierto.

Como decía, en el centro de la provincia, atravesado por el Río Chubut, se encuentra el complejo piroclástico de Piedra Parada, conocido por geólogxs y alpinistas, y escasamente valorado por el turismo general, lo cual ayuda a su preservación. Cuando camino por allí, las piedritas suenan dulcemente, como si caminara sobre vidrio. En efecto, tal es su bestial composición. Una observación aguda de las rocas aparentemente quietas descubre los signos de una violencia primitiva sin precedentes: cañadones altísimos que remiten a un momento en el que el suelo simplemente se abrió, lenguas de lava como fotografiadas en pleno ascenso, calderas diseccionadas lateralmente por el efecto del río, cuyo interior se encuentra aún oscurecido por la fuerza del fuego.

Seguramente los mayas sabían del megavolcán Yellowstone. Es del mismo tipo que el complejo de Piedra Parada, un volcán caldera. Su erupción cíclica está prevista para estas fechas y de hecho, viene retrasado. La última vez que eso ocurrió –hace más o menos 600.000 años– las bolas de fuego emitidas desde el continente americano llegaron a Europa, y la Tierra entró en un invierno volcánico que duró meses.

El thunderegg que le regalé a ella atravesó la erosión de las heladas, el viento, el tiempo y su caparazón de roca se había esfumado. Sólo quedaba un interior geométrico rojo, entero y expuesto, que entraba en un puño. Era una pieza, y más que ello, una entidad que poseía celosamente, pero un día, al encontrarme con ella, sin pensarlo se la regalé.

Cuando emprendí mi primera experiencia de amor libre, fue el fruto de una negociación algo triste. Como un Tratado de Versalles en el que ambas éramos Alemania. Abrí aquella relación para no cortar, y mi pareja de ese momento, pactó por el mismo motivo. Solo en dos puntos acertamos, uno de ellos fue el acuerdo de no comentar –y por ende no preguntar– sobre los hipotéticas o reales vínculos extra de la otra. Ninguna de las dos estaba preparada para eso, ni lo necesitábamos.

El otro punto a favor fue que establecimos un protocolo de salud: las prácticas más riesgosas estaban prohibidas, y para el resto había un modo estipulado de cuidarse. Esto es central porque la institucionalidad heredada postula que si no hay coito, no hay sexo, y si no hay sexo, no hay placer ni peligro. Abordar el tema del cuidado del cuerpo propio y del cuerpo de la otra es una apuesta fundamental para toda relación entre mujeres que quiera abrir sus fronteras. Si esto no se cumplía, era preciso comunicarlo a la otra. Si alguna quería comenzar una relación más "formal", también debía ser transmitido.

Esta experiencia –que duró un año– naufragó porque la pareja ya estaba acabada. Fue como una terapia de morfina: la suave antesala de la muerte. A pesar de la ingenuidad de continuar la relación, un aspecto de todo esto fue certero, y se trató precisamente de la intuición de que la pareja monógama estaba en ruinas. Una pareja abierta en ese escenario no pudo rescatarla. Luego de este ensayo, que en total duró cerca de tres años, me dije a mí misma que se había acabado la monogamia serial para mí.

En efecto, dicha estructura, además de algunas amantes, era la historia de mi vida hasta el momento. Y esta historia no se justificaba ya tanto por el microchip del amor romántico –con el que aún convivo– como cuando era más pequeña, sino que la monogamia resultaba para mí también el único método de profilaxis sanitaria que había encontrado. Adicionalmente, tener novia significaba garantizar un flujo continuo de intercambio sexual.

Una de las relaciones más preciosas de mi vida fue con una chica que practicó el poliamor desde que tenía diecisiete años. La conocí a mis dieciocho y a sus veintisiete. Rápidamente intercambiamos miradas dulces, pero las dos sabíamos que nuestro momento llegaría otro día.

El poliamor como norma pretendida –y raramente practicada con rigor– no me sedujo inicialmente. No como bandera política. Sí, lo personal es político, pero eso no significa que la política sea lo personal. Es decir, eso no significa que una haga simplemente lo que quiere, o que por adherir y declamar una causa la transformación social esté lista.

Cuando nos encontramos, cuatro años después, tuvimos varios meses de pasión, conversaciones e intercambios. Conocía su código y lo acepté, no sin reservas. Realmente no quería tener noticia del resto de sus relaciones, ni tampoco quería comentarle las mías. Ella me fascinaba: compartía mi interés por las piedras, sabía cuatro artes marciales, me cantaba al oído. Alternábamos noches de sexo con conversaciones sobre ciencia y filosofía. Me llevaba en brazos a la cama. Los mejores besos de los que alguna vez tuve noticia. Su sonrisa era encantadora, y como Chloe en *La señora Dalloway* podría haber muerto entre sus brazos sin esperar nada más de esta vida.

Cuando me hechiza el intercambio corporal-mental con alguien tengo una disposición bastante monógama. Como suponía que ella tenía otras relaciones, emprendí acercamientos personales por mi parte, en un vano afán de volver simétricas nuestras dignidades personales. Por el contrario, este movimiento resultó empobrecedor para mí: anduve con un par de mujeres que no me gustaban demasiado, y de las que rápidamente me desprendí por el gasto de energía innecesario que suponía. Por querer recuperar un honor tal vez perdido, me vi como una tonta, por lo que abandoné dicho programa.

El sexo con ella fue excepcional. Respecto a la salud, me sentía tranquila. Como buena científica estaba bien informada de cómo

cuidarse, y teníamos un protocolo bastante estricto que incluía ba-
rreras y guantes de látex. Esto no significó una disminución del placer, y los cuidados implicaron cierta erótica: me encantaba pensar
en ella en delantal bajo los más rigurosos estándares de sanidad.

A pesar de este supuesto idilio de mutuo cuidado, la tentación de
transgredir los modos seguros de intercambio sexual existió. Im-
plicó una convicción interior de mi parte, a veces quebrada, pero
casi siempre tenaz.

–Cómo me gustaría sentir tu sabor...

–Hicimos una elección.

Se lo recordaba seria y tranquilamente, pero una parte de mí espe-
raba que pudiera haber otro tipo de acuerdo. Le había dicho que
no quería saber de sus relaciones, por lo que no hacía preguntas,
y ella tampoco. Básicamente, nuestras reuniones consistían en tomar algo de vino, cenar y tener relaciones sexuales. Siempre dormíamos juntas y siempre nos levantábamos muy temprano: ella
trabajaba, o tenía ensayo. Alguna vez le dije si habría ocasión en la
que durmiéramos juntas más allá de las ocho. Me dijo que sí, que
justamente al otro día por la mañana tenía que abrir la puerta –ya
que alquilaba el living– y que luego podríamos dormir un rato.

En ese momento hacía un par de meses que nos acostábamos y
yo ya estaba algo atontada con ella, por lo que tal gesto tenía algo
de extraordinario. Al otro día efectivamente el timbre sonó. Ella
se levantó y abrió a un contingente de dibujantes. Luego regresó y
me dijo que casi la convencían para posar como modelo vivo, me
preguntó si quería dibujar también. Le dije que tenía sueño. Volvió
a irse y al regresar y me dijo que estaba todo arreglado, que la di-
bujarían desnuda. Claro, yo no había pensado en tal variable, por
lo que le contesté que prefería quedarme con la otra imagen de su
desnudez, y disimulando –fallidamente– mi incomodidad aprove-
ché que alguien abrió la puerta para escabullirme.

Al parecer tenía una afición por la desnudez, porque me invitó a
una exposición de fotografías de una modelo viva que musicalizó

junto a su amiga pianista. La muestra me pareció un collage mal avenido, compuesto por desnudos y consignas progresistas poco trabajadas. Ella me preguntó que me pareció. Fiel a mi disciplina –la filosofía– intenté fundamentar la falta de unidad semántica que advertía en la propuesta, y al ver que compartía mis dudas, me relajé y fui lapidaria sin escrúpulos, con humor.

No quería amarla nunca, ya que me gustaba muchísimo. Como el perro de Pavlov, todo lo relacionado al amor suponía un estímulo condicionado que lo ligaba inmediatamente a la monogamia, la pareja, y una serie de consecuencias con las que nada quería tener que ver. A pesar de ello –o tal vez precisamente por ello– supongo que en cierto punto me enamoré de ella. Fue un amor totalmente diferente a todos los anteriores. Hasta el momento, siempre que alguien me había gustado y había sido correspondida, habíamos trabado noviazgo y el amor era como una consecuencia lógica de la interacción en el tiempo. En esta oportunidad, viví el amor como un acontecimiento, como algo aparentemente exógeno e invasivo, conmovedor y ardiente.

No tengo idea si volvería a verla por amor o por curiosidad. O si, en cambio, lo mejor sería no verla. Aunque tuvimos dos o tres relaciones sin protección, ambas meditamos al respecto y estuvimos de acuerdo en cuidarnos desde entonces. Nuestros diálogos programáticos eran mínimos y eso me pareció digno de buena salud por mucho tiempo. Era totalmente contrario a mis experiencias anteriores, monogamias de charlas interminables y tediosas, donde la confianza había sido colonizada por completo.

Nos quisimos mucho, y no fue el poliamor lo que echó por tierra nuestro vínculo. En parte mi falta de madurez, en parte su ambigüedad y falta de cuidado (aunque respecto a los fluidos corporales era estricta, no tenía mucho tacto para el resto de los aspectos). En parte, las circunstancias de la vida de ambas nos separaron. Sin embargo, es la única mujer del pasado que me genera emociones intensas y mezcladas.

Un día me dije a mí misma que no podía seguir con ese silencio autoimpuesto y kantiano. Entonces me propuse decirle que la quería. Llegué a su casa luego de una larga jornada y después de comer se lo dije. Ella me dijo que también, y me besó: respuesta que calmó mis nervios. Luego llegó la amiga con la que vivía (la pianista), y comentamos alguna cuestión que nos hizo reír.

–Me caes super bien. Yo pongo mis fichas en Juli antes que en..

–¿Que en quién?

–Que en Luli.

Tal naturalidad fue completud con una rápida interrogación a la bioquímica:

–¿Qué, no sabe?

–No, pero me alegro por tu elección.

–Ah...

La pianista intentaba decodificar architardíamente la situación que había disparado, la bioquímica inmóvil.

–No te preocupes igual, prefiero saber por tu amiga.

Terminé de fumar mi cigarrillo con cierta satisfacción. En efecto, había reaccionado con altura al descuido de la amiga, y la falta de tacto de ésta, me dejaba absorta. Hipoteticé que sería el modo de intercambio acostumbrado, pero al mismo tiempo me sorprendía que no existieran instrucciones específicas. Ya que la cuestión había sido puesta sobre la mesa, cuando nos fuimos a la habitación le dije:

–Así que tenés una por ahí.

–Así es.

No pudo disimular el orgullo.

–¿Sólo una?

–No, dos.

–Ah.

–¿Ah?

–Claro, digo, eso explica la agenda ocupada.

–¿Y...?

No estaba siendo muy comunicativa.

–Te compadezco.

Quedó en silencio.

–¿Estás enamorada?

–De ellas, no, no... Mejor.

–Tu amiga... peligrosa, ¿no?

–Sí, fatal.

Gesticuló en consenso excesivo, como quien se lamenta de lo inevitable.

–Estoy un poco enamorada de vos.

–¿Sí?

–Sí, no es que quisiera.

Eso fue con algo de espíritu vengativo.

–Cuando te conocí supe que podría enamorarme de vos. Pero tengo una especie de fobia, hace algunos años.

De repente articulaba frases enteras.

–Era muy chica. Es cierto, yo tenía unos dieciocho años y estaba extremadamente verde.

–Sí, pero... nunca te conté algo.

–¿Qué?

–Que la noche antes de conocerte soñé con vos.

–Dale...

–Sí, de verdad. Soñé que estabas de espaldas, vestida de verde con una boina roja, y que te tocaba el hombro y te dabas vuelta. Después cuando te conocí en el encuentro no lo podía creer.

Se refería al Primer Encuentro Nacional de Lesbianas y Bisexuales, acontecido en Rosario en 2008.

–Pasó mucho tiempo desde entonces.

–Sí, pero siempre supe que nos volveríamos a encontrar. ¿Te acordás cuando fui a Esquel?

–Sí, me acuerdo del prado, del día de sol. Que fuimos de caminata a la loma y tenía muchas ganas de besarte pero estaba de novia.

–Me comporté bien.

–Es cierto.

–¿No te acordás que después me llevaste al mirador, que vimos el pueblo desde arriba y el cielo estrellado?

No tenía registro alguno.

–También me quedé a dormir en tu casa.

–Se ve que lo reprimí totalmente. Sólo me acuerdo de estar tiradas en el campo y de la tensión sexual.

–Juntaste hojas porque estabas armando un herbario.

–Es cierto.

Nos reímos, después nos besamos y dejamos de hablar. La noche no dejaba de ser extraña, pero a pesar de todo el affaire había sido liberador. Tuvimos sexo hasta tarde. Al otro día nos levantamos siete y media, como siempre. Tomamos unos mates y la acompañé hasta el subte. Volví a casa a pie, pasé por la panadería y esperé a mis compañerxs de casa con el desayuno.

Tiempo después, en medio de nada en particular, tuve una epifanía. Supe que una de sus amantes era la modelo de la muestra a la que me había invitado. Tenía poca evidencia para creer tal cuestión, pero estaba absolutamente segura del hecho y le pregunté directamente.

–¿Esa Luli que mencionó la pianista, es la de la muestra que me invitaste?

Hizo un gesto afirmativo.

–Qué infinito mal gusto.

Tardó en darse cuenta de que si alguien no quiere saber de las otras relaciones (y hay condiciones objetivas favorables para dicha solicitud), lo mejor es no invitarla a la muestra de la otra amante. Tardó más en darse cuenta de que esto era peor, si la muestra consistía en fotos de la otra amante desnuda. Le pregunté por qué tal falta de juicio.

–A mí no me molesta, entonces pienso que a la otra gente tampoco le va a molestar.

–Me parece que esa inferencia está un poco injustificada, por no decir que sos bastante egoísta.

–Sí... tenés razón.

Unos segundos después nos reímos.

6. Pasajera en tránsito[1*]

marian pessah

Voy a empezar contándoles desde qué lugar hablo y pienso.

Durante 10 años mantuve una relación abierta con mi compañera Clarisse. Hace un tiempo tomamos la decisión –nada fácil– de separarnos. El objetivo es diferenciar nuestro amor profundo del lado pareja, y seguimos viviendo juntas. Como nunca tuvimos una relación convencional, era esperable que la separación tampoco lo fuera.

Por un tiempito, estuve relacionándome con una chica "normativa", quién no consiguió entender que Clarisse y yo siguiéramos viviendo bajo el mismo techo. A veces, a pesar de ser muy conscientes, nos enamoramos de personas nada que ver. Me pasó. La voz de ella empezó a ser como un zumbido social en mis oídos. Los policías y cuidadores del sistema se manifestaban a través suyo. Cuánta gente hay que se "enamora" de nuestras alas y llegan a la 2ª cita con sus manos de tijeras, pretendiendo cambiarlo todo. Y una, abobada, va dejando pasar cosas. Hay personas que desean ser diferentes, pero su necesidad de entrar en las normas es tan fuerte, que acaban convirtiéndose en infiltradas. Una frase que aparece en Facebook, de Simone de Beauvoir, lo ilustra perfecto: "El opresor no sería tan fuerte si no tuviese cómplices entre lxs propixs oprimidxs".

Quiero entender lo que nos sucede a las mujeres con el amor, porque fuimos educadas para eso, para amar, porque si no, somos unas *mal amadas*, como dice uno de los tantos insultos con los que nos propina la sociedad normativa.

---

1   *Este texto fue escrito y presentado en Rosario, Argentina, durante la 2ª Celebración de las Amantes, Jornadas de Orgullo y disidencia lesbiana, los primeros días de mayo de 2014.

El proceso de la mala educación

La hétero-sociedad capitalista y monogámica inventa el amor romántico y asusta con el miedo, a las mujeres, de quedarse solas – entre otras cuantas formas de control– y nos lo va inculcando a través de músicas, lenguajes, literatura, cuentos de hadas, películas, etc. Veamos algunos ejemplos: la canción "Minha namorada" compuesta por Vinicius de Moraes y Carlos Lyra, en la cual el hombre le dice a la mujer que para ser su novia tiene que hacer un juramento, el de tener un único pensamiento, el de ser suya hasta morir. ¡SUYA! ¡Observen el nivel de propiedad privada emocional! En una frase ya tenemos el casamiento perfecto de la heterosexualidad y la monogamia. Continúa pidiéndole que no pierda esa forma de hablar despacito y hacerle mucho cariño y llorar mansamente sin que nadie sepa por qué. O sea, mujer tiene que ser "femenina" –lo que implica sensible entre otras "cualidades"– y obedecer las necesidades de su propietario. Si esto es dicho por un poeta contemporáneo, cosmopolita y de izquierda, ¿qué nos espera del enemigo? Ahora observen la internacionalidad del lenguaje patriarcal. En hebreo, la palabra marido también significa dueño. Así como en español, esposa tiene dos acepciones, la de *mujer de* y las que usa la policía para prender a los maleantes. Entiéndase por ello que unos custodios del sistema prenden a los malhechores, y otros, bajo el régimen heteropatriarcal, desean cas(z)ar a las mujeres. Muy metafórico ese juego de palabras que aprisionan.

Podríamos continuar hablando de los cuentos de hadas, ¡hay tantos! Por decir que a tan temprana edad ya nos meten en la cabeza que por ser mujeres somos diferentes, que vamos a tener que volver temprano porque a media noche toda la fantasía se desarma, o sea, la vida es un teatro. Se pierde un zapato, cuando no se transforma un zapallo, y hay que esperar, pasivamente, que venga el susodicho, puerta por puerta, a ver quién es la merecedora del príncipe. Léase aquí: ¡Mujeres! ¡Compitan por un macho! Y va a ganar la que tenga el pie más chiquito ¡¿Pie?! Miremos la sumisión ahí implícita. Sabemos que cuanto menor es nuestra base, menor será el equilibrio, la mujer se puede caer, ergo, no dispone de autonomía. Como dice Vinicius: ser sólo suyo hasta morir. Tendremos un dueño y protector, ese es el premio.

Continuando con la literatura, podemos visitar a nuestro vecino Pablo Neruda: "Me gustas cuando callas porque estás como ausente/distante y dolorosa como si hubieras muerto". Maravilla de poema, ¿no? Me deja... muda, sin palabras. Todo lo que el poeta quería, ¿no?

Volviendo a la vida cotidiana, esta mala educación produce un *chip* en muchas de nuestras madres que dice: "Ay nena, con ese carácter –léase rebeldía– nadie te va a querer", entiéndase, te vas a quedar sola. Y después de ver todo lo que nos puede pasar si alguien no nos quiere, acaban mutilando la rebeldía de muchas mujeres y cambiándola por manos de tijeras. Así, en lugar de tener una desorganizadora, el sistema gana una cómplice. Mi madre me decía que mi problema era que yo pensaba mucho.

¿Queda claro –siguiendo las enseñanzas wittignianas[2]– por qué no me identifico como mujer y sí como lesbiana? ¡Con L de LIBERTAD!

Cómo nombrarnos

Cuando recibí la convocatoria de la Celebración de las Amantes, en la primera lectura rápida, en lugar de leer Anarquía relacional, leí *anarquía amorosa* y me quedé con esa idea. Me gustó porque no incluye la palabra amor (por esa razón le escapo al término poliamor, siento que de alguna manera volvemos a caer en sus redes, así como ya no me identifica el término amor libre), hablar de amorosidad en las relaciones, más allá de con nuestra compañera sexo-afectiva, es un término más amplio, más comunitario, más de vida. Me da la sensación de que abarcara el todo. También es positivo, cosa que la Ruptura de la Monogamia Obligatoria –RMO,

---

2   Monique Wittig escribió la genial y controvertida frase que decía que las lesbianas no somos mujeres.

como yo llamaba a esta lucha–, rompe pero no propone. Es necesario, para un primer paso, poder detectar lo que no queremos para poder buscar lo que deseamos y ahí viene la anarkía amorosa y nos abraza.

Esta búsqueda de rever cómo relacionarnos, tanto afectiva, como sexualmente, representa la lucha más radikal[3] que puede enfrentarse a este sistema patriarcal capitalista. Porque nos atraviesa el cuerpo, entra en nuestros sentimientos y se refleja en nuestras acciones llevando a la práctica el mayor lema feminista: *lo personal es político*.

Barajar y dar de nuevo

¿Se puede, ideológicamente, estar del lado del sistema, trabajar a consciencia para engordar el capital, e intentar al mismo tiempo destruirlo amorosamente? Si viviéramos en una comunidad sin propiedad privada en su fuerza de producción, ¿tendríamos los mismos problemas?

Siguiendo el principio de lo que esta mujer normativa pretendía de mí, era que yo saliera de mi casa y me fuera a vivir sola. Entonces, a ver si entendí bien, yo debería trabajar más horas para el sistema capitalista, para pagar un alquiler y más impuestos para así poder destruirlo mejor. ¿Es eso? ¿O será que el sistema, a través de una chica linda, pretendía fagocitarme? ¿No suena incoherente? ¡Cuidado! El enemigo trata de meterse dentro nuestro todo el tiempo, a veces lo consigue, otras, no tan fácilmente. En ciertos casos, algunas "infiltradas" pueden vestir cuerpos "rebeldes" llenos de tatuajes y *pearcings*, recordemos que ellos no representan una ideología en sí. Las trampas para mantenernos controladas y calladitas son muchas. En lugar de vivir sola y seguir caminando hacia la individualidad, ¿por qué no pensar colectivamente? ¿Por qué a alguien que amé tanto, a partir de cerrar una relación amorosa la tengo que empezar a odiar, me tengo que pelear? Nuevamente la

---

3   Utilizo esta palabra en el sentido etimológico llegando, de esta manera, a las raíces del sistema.

competencia, el sistema divide para reinar. Yo prefiero sumar que restar. Por suerte hay muchas referencias de mujeres que terminaron sus relaciones afectivo-sexuales y continúan viviendo juntas.

Es necesario hablar de esto, vernos, darnos existencia para cuando el opresor nos grite en la cara que eso no es normal, una se sienta fortalecida y diga: *¿y a mí qué con tu normalidad?* Por eso, agradezco estos espacios que tanto nos fortalecen, donde nos podemos mirar a los ojos, reconocernos, escuchar nuestras voces, conocer nuevas his/herstorias, abrazarnos.

Creo muy importante volver a un punto que me parece crucial, el de la ética feminista y los cuidados entre nosotras. Observarnos. Por eso hablaba antes de la amorosidad que nada tiene que ver con el amor romántico. Recordemos que fuimos criadas en una sociedad heterosexual, monogámica, capitalista que frente a nuestras rebeldías hará de todo para que nos cansemos y nos asimilemos a la manada. En nuestros espacios, en nuestras comunidades es importante tener claro que lo que queremos es romper, desarmar el sistema sin rompernos a nosotras mismas. En esta aventura maravillosa de las anarquías amorosas habrá tantas respuestas y propuestas como personas en el baile. Y recordemos que, aún entre las mismas danzantes, el tipo de música puede cambiar y así, tendremos que rever nuestros pasos y ritmos. Para ello, es importante estar comunicadas, expresadas; generar nuestros propios códigos. No hay fórmulas ni recetas; no hay modelos, aunque cada vez estemos creando más referencias.

Por todo esto me considero una pasajera en tránsito. Creo que la vida es una Gran Escuela a la que venimos a aprender, a errar, reaprender y poner los conocimientos en práctica. Nada es definitivo, por eso me siento en búsqueda permanente, en continuo movimiento, aunque no implique un constante equilibrio.

7. Manifiesto del Colectivo Poliamor en México

Colectivo Poliamor en México

Somos un grupo de personas que nos encontramos, nos reconocemos y nos reunimos en torno al concepto de poliamor. Entendemos por poliamor la decisión ética de reconocer la libertad de cada persona y, por ende, la posibilidad de establecer más de una relación erótica-afectiva-amorosa simultánea de manera honesta, equitativa y comprometida en la formación de consensos con todxs lxs involucradxs para caminos de vida en común. Implica también el respeto a la autonomía y a la singularidad de las otras personas, así como el empoderamiento de nuestros deseos. Al poliamor lo identificamos con el amor libre, con el amor confluente, como una propuesta de contra-amor.

Afirmamos, de modo contundente, que olemos algo enrarecido en el amor tradicional, que algo subyugante lo atraviesa, algo que se pudre: una eficaz forma de dominio que nos ha resultado casi imperceptible. Por ello, cuestionamos lo incuestionable: la monogamia obligatoria, la cosificación del ser amado, la cárcel dicotómica del sexo-género y de sus roles opresivos. Confrontamos toda esencialización y todo dogma respecto al sexo, al género, a la sexualidad y al amor.

Impugnamos a la familia nuclear y al monosexismo como únicas alternativas de proyectos de vida social. Rechazamos la mitología del príncipe azul y de la bella durmiente, del amor romántico, de la media naranja, del "hasta que la muerte nos separe" y de "la familia feliz". Además, combatimos esa violencia disfrazada de amor que son los celos.

Nos asquean los yugos del patriarcado y del dominio falocéntrico, expresados a través del sexismo, del racismo y del especismo, que permean a la humanidad entera y que nos están llevando a la destrucción de la vida en el planeta.

Rechazamos todo tipo de idealización respecto a soluciones mágicas, incluyendo al poliamor, que generan frustración y que permiten la perpetuación de un sistema opresor. No idealizamos al poliamor ni a otras posturas de las relaciones humanas como las panaceas que impliquen la única forma o una verdad absoluta, ya que aludimos al trabajo y a los acuerdos cotidianos como alternativas para generar relaciones horizontales. Elegimos al poliamor como una vía más no como una meta ni como la idealización de una vida perfecta.

Ejercemos un proyecto de vida que, fundamentalmente, objeta la existencia de un solo modo de sentir, de percibir, de pensar y de vivir los afectos, la sexualidad y las relaciones amorosas. Labramos cotidianamente desde diversos frentes para erradicar los odios y la violencia sistemática que se genera hacia toda manifestación que no se someta al sistema hegemónico. Buscamos relaciones equitativas y el exilio de los grupos de poder (dominación, autoridad, jerarquía y orden). Estamos en búsqueda, cambio y construcción constantes para elegir nuestros caminos.

Así, nos proponemos trabajar los siguientes objetivos:

- Erradicar. Descolonizarnos de la dominación que ha tomado y ha hecho suyos nuestros corazones, nuestras entrañas, nuestras carnes y nuestras almas.

- Encarnar. Hacemos el poliamor carne, materia y realidad. Creamos al amor más allá de lo que nos han impuesto como "el verdadero amor". Lo hacemos letra, imagen fija y en movimiento, canción y poema, pensamiento y acción, reflexión y creación propia.

- Contagiar. Propagamos el virus de la reflexión y de la toma de conciencia de los propios conceptos del amor, del poliamor, del contra-amor y del amor libre. Queremos hablarle a todxs del poliamor como una opción de proyecto amoroso libertario.

- Tejer. Forjar una red solidaria de poliamorosxs en México y en todo el mundo. Revertimos la consigna política de "divide y vencerás". Deseamos hacer alianzas con otros grupos disidentes, con otrxs rebeldes y excluidxs que luchan por la autodeterminación y por una vida digna. Amamos la libertad y nos sentimos profundamente cercanxs de todo movimiento emancipador.

• Ser lúdicxs, festivxs, reventadxs. Anhelamos compartir contigo un café, unos tragos, un paisaje, risas, alegrías, sueños, amaneceres, una cama... Ansiamos gozo. Queremos emborracharnos contigo en la fiesta de la vida.

Sobre todo, te queremos a ti. Te anhelamos libre, ligerx, dignx, plenamente amorosx. Queremos escucharte, saberte, sentirte, conocer tus historias, tus ganas, que nos toques... Deseamos tu deseo hacia nosotrxs.

Este es nuestro manifiesto... y es tuyo. En cada objetivo hay mucho qué hacer, desde grupos de encuentro hasta orgías del pensamiento, pasando por pláticas, talleres, cinedebates, programas de radio, tertulias, fiestas temáticas, terapias, brigadas de divulgación, proyectos artísticos, investigación, creaciones o alucinaciones literarias, teóricas, etc. Te conminamos a plantear proyectos o a que te sumes a los que estamos armando. No queremos decirle a nadie qué hacer, no queremos caer en lo que estamos criticando.

Te damos la palabra: ¿Qué deseas? ¿Qué propones?

Bibliografía acerca del poliamor

De Cristóforis, Óscar. *Amores y parejas en el siglo XXI*. Buenos Aires: Letra Viva, 2009.

Dos Santos, Flavia. *Poliamor, más allá de la infidelidad*. Bogotá: Villegas Editores, 2013.

Easton, Dossie y Hardy, Janet W. *Ética promiscua: Una guía práctica para el poliamor, las relaciones abiertas y otras aventuras*. Traducción de Miguel Vagalume. Santa Cruz de Tenerife: Editorial Melusina, 2013.

Foster, Barbara; Foster, Michael y Hadady, Letha. *Triángulos amorosos: El "menage à trois" de la antigüedad hasta nuestros días.* Barcelona: Ediciones Paidós Ibérica, 1999.

Mogrovejo Aquise, Norma; pessah, marian; Espinosa Miñoso, Yuderkys y Robledo, Gabriela (compiladoras). *Desobedientes: Experiencias y reflexiones sobre poliamor, relaciones abiertas y sexo casual entre lesbianas latinoamericanas.* Buenos Aires: En la Frontera, 2009.

Navarro Lins, Regina. *La cama reb/velada: Pasado, presente y futuro del sexo y del amor.* Buenos Aires: Del Nuevo Extremo, 2009.

Thalmann, Yves-Alexandre. *Las virtudes del poliamor: La magia de los amores múltiples.* Barcelona: Plataforma Editorial, 2008.

Bibliografía de reflexiones en torno al amor como construcción cultural

Baigorria, Osvaldo (compilador). *El amor libre: Eros y anarquía,* Buenos Aires: Libros de Anarres, 2006.

Barthes, Roland. *Fragmentos de un discurso amoroso,* Madrid: Siglo XXI de España Editores, 2007.

Basarte, Ana (compiladora). *Nueve ensayos sobre el amor y la cortesía en la Edad Media,* Buenos Aires: Facultad de Filosofía y Letras de la UBA, 2012.

Bauman, Zygmunt. *Amor líquido: Acerca de la fragilidad de los vínculos humanos,* México: Fondo de Cultura Económica, 2005.

Beck, Ulrich; Beck-Gernsheim, Elisabeth. *El normal caos del amor: Las nuevas formas de la relación amorosa,* Barcelona: Ediciones Paidós Ibérica, 2001.

Benjamín, Jessica. *Los lazos de amor: Psicoanálisis, feminismo y el problema de la dominación,* Buenos Aires: Paidós, 1996.

Bodei, Remo. *Geometría de las pasiones: Miedo, esperanza, felicidad*

(Filosofía y uso político), México: Fondo de Cultura Económica, 1995.

Camacho, Javier Martín. *Fidelidad e infidelidad en las relaciones de pareja: Nuevas respuestas a viejas interrogantes*, Buenos Aires: Editorial Dunken, 2004.

Cooper, David. *La gramática de la vida*, Barcelona: Planeta-Agostini, 1985.

De Rougemont, Denis. *Amor y occidente*, México: Consejo Nacional para la Cultura y las Artes, 1993.

De Rougemont, Denis. *Los mitos del amor*, Barcelona: Editorial Kairós, 1999.

Eisler, Riane. *Placer sagrado I: Sexo, mitos y política del cuerpo*, México: Editorial Pax México, 2002.

Eisler, Riane. *Placer sagrado II: Nuevos caminos hacia el poder personal y el amor*, México: Editorial Pax México, 2002.

Esteban, Mari Luz. *Crítica del pensamiento amoroso*, Barcelona: Ediciones Bellaterra, 2011.

Finkielkraut, Alain. *La sabiduría del amor: Generosidad y posesión*, Barcelona: Editorial Gedisa, 2008.

Fisher, Helen E. *Anatomía del amor: Historia natural de la monogamia, el adulterio y el divorcio*, Barcelona: Anagrama, 2007.

Foucault, Michel. *Historia de la sexualidad: 1. La voluntad de saber*, México: Siglo XXI Editores, 2007.

Foucault, Michel. *Historia de la sexualidad: 2. El uso de los placeres*, México: Siglo XXI Editores, 2007.

Foucault, Michel. *Historia de la sexualidad: 3. La inquietud de sí*, México: Siglo XXI Editores, 2007.

Fromm, Erich. *El arte de amar: Una investigación sobre la naturaleza del amor*, México: Editorial Paidós, 2006.

Giddens, Anthony. *La transformación de la intimidad: Sexualidad, amor y erotismo en las sociedades modernas*, Madrid: Ediciones Cátedra, 1995.

González Calzada, Gonzalo J. *Temas de sexualidad humana: El amor nace y se hace*. Villahermosa: Universidad Juárez Autónoma de Tabasco, 2013.

Herrera Gómez, Coral. *La construcción sociocultural del amor romántico*, Madrid: Editorial Fundamentos, 2011.

Hite, Shere. *Mujeres y amor*. Madrid: Punto de Lectura, 2001.

Illouz, Eva. *El consumo de la utopía romántica: El amor y las contradicciones culturales del capitalismo*. Madrid: Katz Editores, 2009.

Jónasdottir, Anna. *El poder del amor: ¿Le importa el sexo a la democracia?* Madrid: Ediciones Cátedra, 1993.

Lagarde, Marcela. *Claves feministas para la negociación en el amor*, Managua: Fundación Puntos de Encuentro, 2001.

Ludditas Sexxxuales. *Ética amatoria del deseo libertario y las afectaciones libres y alegres*, Buenos Aires: Milena Caserola, 2012.

Luhmann, Niklas. *El amor como pasión: La codificación de la intimidad*, Barcelona: Ediciones Península, 1985.

Marcuse, Herbert. *Eros y civilización*, Madrid: SARPE, 1983.

Millet, Kate. *Política sexual*, Madrid: Ediciones Cátedra, 2010.

Onfray, Michel. *Teoría del cuerpo enamorado (Por una erótica solar)*, Valencia: Editorial Pre-Textos, 2008.

Ortega y Gasset, José. *Estudios sobre el amor*. México: Editorial Fontamara, 2007.

Paz, Octavio. *La llama doble*, Barcelona: Seix Barral, 1993.

Singer, Irving. *La naturaleza del amor: 1. De Platón a Lutero*, México: Siglo XXI Editores, 1999.

Singer, Irving. *La naturaleza del amor: 2. Cortesano y romántico*, México: Siglo XXI Editores, 1999.

Singer, Irving. *La naturaleza del amor: 3. El mundo moderno*, México: Siglo XXI Editores, 2001.

Stendhal. *Del amor*, México: Edaf y Morales, 1998.

Sternberg, Robert J. *El amor es como una historia: Una nueva teoría de las relaciones*, México: Editorial Paidós Mexicana, 1999.

Sternberg, Robert J. *El triángulo del amor: Intimidad, pasión y compromiso*, México: Editorial Paidós Mexicana, 1990.

Sternberg, Robert J. *La experiencia del amor: La evolución de la relación amorosa a lo largo del tiempo*, México: Editorial Paidós Mexicana, 2000.

Weeks, Jeffrey. *El malestar en la sexualidad: Significados, mitos y sexualidades modernas*, Madrid: Talasa Ediciones, 1993.

Weeks, Jeffrey. *Sexualidad*, México: Editorial Paidós Mexicana-PUEG UNAM, 1998.

8. Cuerpo lesbiano y la propuesta política contra-amorosa[1]*

Nadia Rosso[2]**

Introducción

S oy lesbiana, y amo a varias mujeres. Me atrevo a suponer que dicha declaración puede levantar distintos niveles de polémica, dependiendo del sitio donde sea pronunciada. Y esta controversia podría llegar hasta ámbitos de lo político, de lo público. Entrarían tal vez argumentos sobre la naturaleza, la normalidad, la moral, las buenas costumbres, la familia... ¿por qué una declaración sobre la vida "privada" de una persona, puede crear tanto revuelo, causar polémica y provocar discusiones amplias?

Partiendo de la clásica consigna feminista de que *lo personal es político*, pretendo explorar qué parte de esto "personal" es la que tiene más alcances políticos. Pretendo explorar no sólo la resistencia política del lesbianismo y la vivencia lésbica, sino también la resistencia política desde *otra* vivencia del amor y las relaciones afectivas. La sexualidad y el amor se han concebido desde el pensamiento occidental moderno como ajenos al ámbito público y político. Sin embargo, a pesar de su carácter "íntimo", han sido, en realidad, fuertemente regulados por el Estado y sus instituciones. ¿Para qué serviría que los instrumentos del Estado incidieran en los aspectos considerados más íntimos de las personas?

Hablemos un poco sobre cómo la vida afectiva y sexual de una persona puede tener un potencial revolucionario: peligroso para

1 * Reedición de la ponencia presentada en el II Congreso Internacional El cuerpo en el siglo XXI, Universidad Nacional Autónoma de México, Ciudad de México, 2011.

2 ** Maestra en Antropología Social por el Ciesas y licenciada en Lengua y literaturas hispánicas por la facultad de Filosofía y Letras de la UNAM.

la manutención del sistema y, por ende, ser sujeta a regulaciones sociales.

Ser lesbiana es una cuestión política. Tal vez preguntarán ¿pero qué no ser lesbiana significa simplemente que una mujer se acuesta con otra? En sentido estricto, esto significaría ser mujeres homosexuales. Sin embargo, el término lesbiana se ha distanciado de esta definición meramente sexual. El ser lesbiana se ha teorizado y constituido como una práctica política que parte de un análisis feminista de la sociedad. Como alguna vez declaró, no sin su correspondiente polémica, la francesa Monique Wittig: las lesbianas no somos mujeres[3]. Muchas personas malinterpretaron esta declaración –así como el resto de su producción teórica– de manera simplista. Sin embargo, hace falta sólo un poco de análisis feminista para comprender dicha declaración: lo dijo hace años Simone de Beauvoir: No se nace, mujer, se llega a serlo.[4] Porque el *ser* mujer es una construcción cultural. Si no parece obvio, basta revisar algunas frases de la cultura popular como "es muy mujer" o "ya se hizo mujer" o la misógina declaración "yo la hice mujer". Esto significa que tener genitales asignados como femeninos no es lo que constituye a una mujer. En todo caso –y tengo mis reservas– eso constituiría a una hembra (concepto también creado desde esta misma cultura y, por lo tanto, no neutral). Ya lo decía también Joan W. Scott "el género es una construcción cultural, un elemento constitutivo de las relaciones sociales, una forma de legitimación del poder basada en las diferencias sexuales"[5]. La idea de mujer está basada en esa construcción de género, rodeada de toda una serie de expectativas, mitos, comportamientos, mandatos que deben ser cumplidos para que una sea considerada mujer.

---

3   Wittig, Monique, *El pensamiento heterosexual y otros ensayos*, Egales, Barcelona, 2006.

4   De Beauvoir, Simone, *El segundo sexo* (primera edición francesa por Gallimard, París, 1949).

5   Ramos, María Dolores, "Amor y familia en los sistemas de representación de la cultura occidental, siglos XIX-XX", en: López Cordón, Ma. Victoria y Montserrat Carbonell Esteller, (eds.), *Historia de la mujer e historia del matrimonio*, Universidad de Murcia, España, 1997, p. 352.

A sabiendas de que el género es una construcción cultural, enton-ces ¿cuáles elementos constituyen socialmente, a grandes rasgos, a una mujer? La maternidad, claro. Una mujer llega a la total rea-lización mujeril, o incluso a su realización como persona cuando es madre. Por ende se considera que todas las mujeres deben ser madres. Pero antes de la maternidad ¿qué? El matrimonio, claro. Porque esta es la única forma válida de ejercer la maternidad. Toda mujer debe aspirar al matrimonio. ¿Y antes del matrimonio? La he-terosexualidad. Toda mujer debe ser heterosexual. Con estos pasos se puede llegar a ser mujer. Evidentemente, estos mandatos son a grandes rasgos, también existen *micromandatos* que van desde la apariencia física, la forma de hablar, de moverse, qué actividades pueden realizarse y cuáles no.

Pero volviendo a lo anterior, también se debe, entonces, ser buena madre, buena esposa, buena ama de casa. En resumen, ser mujer conlleva dar servicios no remunerados y vitalicios a los hombres, al sistema en general. Servicios de reproducción de seres huma-nos (muestra de ello es la penalización del aborto y los métodos anticonceptivos, que evitan que las mujeres decidan sobre su ma-ternidad); servicios sexuales no remunerados (que se develan en la presencia del "débito conyugal"), y servicios de trabajo domés-tico no remunerados (todas las mujeres, trabajen fuera del hogar o no, son las depositarias de las obligaciones del trabajo domésti-co, y sin paga).

Y esto se deriva de la historia de la familia patriarcal. La construc-ción social de mujer está ligada intrínsecamente a muchos factores sociales, especialmente a los relacionados con la familia y el matri-monio como instituciones.

No es ningún descubrimiento novedoso la función del matrimo-nio y la familia en el sustento del orden social. Decía Engels que:

> Con la familia patriarcal y la familia individual la mujer
> se convirtió en una primera criada, alejada de la partici-
> pación en la producción social [y, como consecuencia] la

familia individual moderna se funda en la esclavitud doméstica confesada o disimulada de la mujer.[6]

Este matrimonio por conveniencia se da por la necesidad de conservar y transmitir la propiedad privada.

Para Émile Durkheim, la familia es el "agrupamiento doméstico que emerge del agrupamiento político, y no el político que ha surgido por dilatación del doméstico".[7]

Estos autores están de acuerdo en que la familia y el matrimonio son el resultado no de tendencias biológicas, o psicológicas, sino de la organización social.

En realidad la organización social familiar en torno al matrimonio monógamo es lo que provoca los sentires, interiorizados e incuestionados, sobre la pareja, el amor, la familia y los lazos de parentesco. En este sentido, naturalizar la familia, el matrimonio, así como naturalizar los roles de género, resulta una trampa.

En lo que concierne al matrimonio, Lévi-Strauss sostiene que:

> [...] la relación global que constituye el matrimonio no queda establecida entre un hombre y una mujer, cada uno de ellos dando o recibiendo alguna cosa a cambio, sino entre dos grupos de hombres: la mujer queda comprendida entre los objetos de intercambio".[8]

La subordinación y explotación de las mujeres en este contexto resulta evidente. Una vez revisadas a grandes rasgos estas características constitutivas de la heterosexualidad y el matrimonio monógamo, entendemos la cuestión disidente y revolucionaria del lesbianismo, en palabras de Yan María Yaoyólotl Castro:

---

6   Engels, F., *L'origine de la famille, de la propriété privée et de l'État*, 1884, Hottingen-Zürich, pp. 72-73, citado en: Michel, Andrée, *Sociología de la familia y del matrimonio*, Ediciones Península, 1974, Barcelona, p. 78.

7   Durkheim, Émile, *De la division du travail social*, Alcan, Paris, 1902, p. 115, citado en: Michel, Andrée, *op. cit.*, p. 34.

8   Michel, Andrée, *op. cit.*, p. 46.

> Cuando las mujeres aceptamos y vivimos nuestro lesbia-
> nismo, lo que estamos haciendo es rebelarnos o negarnos
> a aceptar las imposiciones del Estado, imposiciones que
> se establecen a través de sus Instituciones de Estado, la
> familia, la escuela, la religión, medios de información, la
> cultura, etc.[9]

Ahora bien, el lesbianismo en sentido político es vivir conscientemente esta rebeldía: asociarnos con mujeres, formar redes, apoyar-
nos, y también, claro está, negarnos a formar parte del sistema de
opresión hacia las mujeres, encabezado por la ilusoria dependencia pisco-emocional y económica hacia los hombres, creada socialmente para perpetuar la dominación masculina.

Si las lesbianas no cumplen con los roles propios de las mujeres, y
no dan estos servicios gratuitos, institucionalizados fuertemente
mediante el matrimonio, entonces no son mujeres. Existen debates, aún vigentes, sobre el peligro de relativizar la categoría mujer,
la cual ha sido utilizada como estrategia política de los movimientos feministas para centrarnos como sujetas. No entraremos ahora
en ese debate; sin embargo, resalto que es interesante la declaración de Monique Wittig como una provocación para suscitar la
reflexión que, en realidad, se centra en el contenido político disidente del lesbianismo.

Esta rebeldía se vive cotidianamente desde la cuerpa lésbica. Una
cuerpa que busca descolonizarse y deslindarse de todos los parámetros sociales impuestos para una mujer. Una cuerpa insumisa,
que busca construirse en libertad, lejos de la opresión, de las imposiciones sociales. Esa cuerpa heterogénea se construye a sí misma
con sus propios referentes, pero con algo en común: la disidencia.

La lesbiandad política es consciente de esta disidencia y se vive desde ahí. Las cuerpas disidentes que se niegan al coito obligatorio, a

---

9   Castro G., Yan María y Alma Oceguera R., *El lesbianismo como una cues-
     tión política*, Primer Encuentro de Lesbianas Feministas Latinoamerica-
     nas y Caribeñas, México, 1987, p. 5.

la sumisión, a ser amas de casa, a ser esposas, a la maternidad obligatoria. Que si ejercen su maternidad es de manera libre y elegida.

La vivencia lésbica, ejercido de esta manera y conscientemente, no es sólo una disidencia, sino eminentemente una resistencia política que se vive desde lo más íntimo, desde la cuerpa, desde la sexualidad, desde los afectos, desde las relaciones, también desde la apariencia que se elige, los roles que se juegan –y digo jugar en el sentido más amplio y lúdico– desde la emancipación de la propia cuerpa, pero también del propio amor, no ya volcado en los opresores.

En este sentido, la diferencia entre la homosexualidad y lesbiandad, es, como apuntan los documentos del Fhar[10*], que:

La homosexualidad en general niega tres mitos implícitos que están en la base de las relaciones sexuales constitutivas del patriarcado:

1. Que el placer sexual va ligado a la reproducción de la especie.

2. Que los roles sexuales fijos son naturales.

3. Que las únicas relaciones sexuales posibles son las heterosexuales, monogámicas y orientadas hacia la familia.

Pero además de ello, la existencia lesbiana "niega ciertas relaciones ideológicas y sociales constitutivas del patriarcado:

1. Nosotras, las lesbianas, no nos definimos en función del hombre, sino de las demás mujeres.

2. El "nosotras" que creamos en el amor forma parte de nuestra conciencia colectiva de mujeres y no está en contradicción con nuestro porvenir como el "nosotros" de la pareja heterosexual.

3. Al rechazar el matrimonio y buscar relaciones privilegiadas entre mujeres, negamos el aislamiento y la rivalidad que sufren las mujeres heterosexuales.[11]

---

10 * N.E.: Frente Homosexual de Acción Revolucionaria (México, 1978-1981).

11 Frente Homosexual de Acción Revolucionaria, *Documentos contra la*

A pesar de que se asume que es la heterosexualidad la que provoca rivalidad y evita la sororidad entre mujeres, haciendo un análisis más crítico, no es sólo la heterosexualidad, sino sobre todo la monogamia, la que evita la sororidad, pues se concibe a los hombres como un bien por el cual competir, y en el caso de las lesbianas monógamas, a otras mujeres. Es decir, la pareja es el bien máximo por el cual se debe competir.[12]

Posteriormente hablaré de las limitaciones de la vivencia lésbica en algunos contextos.

Matrimonio y monogamia

No todos creen en la monogamia, pero todos viven como si creyeran [...] creer en la monogamia no es diferente de creer en dios.[13]

El matrimonio es una institución económica, a veces jurídica, a veces religiosa, para la regulación social. Más allá de ser una instancia con eminentes intereses económicos, el matrimonio se convirtió también en la legitimación más arrasadora de la opresión femenina, incluso más allá de lo evidente y que ya hemos revisado como los servicios no remunerados, la reproducción obligatoria y ser un objeto de intercambio para los hombres.

Anteriormente se mencionaron ya los orígenes del matrimonio, que, por cierto, no son demasiado diferentes entre las culturas, aunque tengan sus especificidades, tienen la misma base económico-social.

Dentro de los códigos del matrimonio está presente, en infinidad de casos, el débito conyugal. Este significa que la mujer tiene la obligación de tener relaciones sexuales con su marido cuando él lo desee, y si no lo hace, por un lado él está legitimado para forzarla,

---

normalidad, Bosch, Barcelona, 1979, p. 118.

12 Este punto lo analizo con profundidad en mi texto "La monogamia como predefinitoria del amor, el poli-amor como estrategia política para un movimiento lésbico feminista", México, 2009, en imprenta.

13 Phillips, Adam, *Monogamia,* Anagrama, Barcelona, 1998, p. 1.

y si no, para disolver el matrimonio por incumplimiento de esta obligación.

[...] el débito, unido a la idea de que la sexualidad masculina es impulsiva y perentoria, convalida la autorización que algunos hombres se dan para imponerse sin negociación y hasta violentamente a sus parejas sexuales.[14]

Además, en el caso de México, aún en el siglo XIX se consideraba que "el marido podía y debía aplicar correcciones a su esposa si ella era desobediente, impertinente, irrespetuosa y le provocaba continuos disgustos".[15] Existía la legitimación de la corrección y control sobre las mujeres dentro de la institución matrimonial. Este control, evidentemente abarcaba también el terreno sexual.

El matrimonio también conlleva explícitamente el mandato de la monogamia. En las normativas, no sólo religiosas, sino también jurídicas (que desde el derecho romano comenzaron a confundirse los mandatos religiosos-morales con los socialesjurídicos)[16] se prohíbe el adulterio, de manera diferenciada para hombres y para mujeres. Ejemplo de ello es el discurso del jurista Agustín Verdugo, que señalaba:

[...] el adulterio que comete la mujer es infinitamente más contrario al buen orden de la sociedad civil, puesto que tiende a despojar a la familia, y a hacer pasar sus bienes a hijos adulterinos que le son extraños; al contrario, el adulterio, cometido por el marido, aunque muy criminal

---

14 Szasz, Ivonne y Salas, Guadalupe, "Los derechos sexuales y la regulación de la sexualidad en los códigos penales mexicanos", en: Szasz, Ivonne y Salas, Guadalupe (coords.), *Sexualidad, derechos humanos y ciudadanía, diálogos sobre un proyecto en construcción*, El Colegio de México, México 2008, p. 102.

15 García Peña, Ana Lidia, *El fracaso del amor. Género e individualismo en el siglo XIX mexicano*, Colegio de México, Universidad Autónoma del Estado de México, México 2006, p. 102.

16 En el siglo II de nuestra era surgió el derecho romano cristiano, que se caracterizó por una confusión de la legislación secular con la moral cristiana.

en sí, no tiene tan graves consecuencias. Añadid que no pertenece a la mujer, que es inferior, tener inspección sobre la conducta de su marido, que es superior.[17]

Para el adulterio masculino, para que fuera causal de divorcio se necesitaba que hubiese sido cometido en la casa conyugal, que fuera público y escandaloso o que la concubina hubiera maltratado a la esposa.

La regulación y represión dentro del matrimonio son evidentemente distintas para ambos géneros, lo cual da cuenta, nuevamente, de la opresión hacia las mujeres ejercida desde esta institución.

Los discursos sobre el matrimonio y la monogamia fueron evolucionando y siendo legitimados por al discurso religioso, filosófico y científico. Uno, defendiendo su santidad, otro, su carácter "esencial" y otros el "natural".

A pesar de que el origen del matrimonio era económico-social, estrategias de alianza entre tribus, o de manutención de la propiedad privada, o la adquisición de mano de obra gratuita, modernamente el matrimonio comenzó a relacionarse con el terreno del amor.

Pero el matrimonio y su compañera, la monogamia, nada tienen que ver con el amor:

[...] durante la mayor parte de la historia fue inconcebible que las personas eligieran a sus compañeros basándose en algo tan frágil e irracional como el amor y que luego concentraran todos sus deseos sexuales, íntimos y altruistas en el matrimonio que resultaba de aquella elección.[18]

El matrimonio por amor es una invención moderna. Gracias a ello, comenzó a agregársele al matrimonio la meta de causar satisfacción emocional a las personas involucradas. La estabilidad y el sentimiento de completud comenzaron a ser importantes para

---

17   Michel, Andrée, *op. cit.*, p. 181.

18   Coontz, Stephanie, *Historia del matrimonio. Cómo el amor conquistó el matrimonio*, Gedisa, Barcelona, 2005, p. 33.

el mantenimiento de la institución del matrimonio. Se comenzó a instituir como el camino a la felicidad. Finalmente con el discurso cultural del amor romántico, la pareja monógama y la complementaridad, se continuó perpetrando la institución del matrimonio como deseable, y necesaria, y de ese modo conservándose el fundamento de las sociedades capitalistas modernas: el trabajo no remunerado de las mujeres y su obligación para la reproducción humana.

Así, se ha interiorizado también lo que yo llamo emparejamiento compulsivo, basado en la idea de que las personas estamos incompletas y somos miserables, hasta que encontremos nuestra otra mitad. Una persona única que mediante el amor verdadero y monógamo, nos completará, nos hará dichosas, nos hará personas completas.

Las consecuencias psicológicas de dicha interiorización son sospechables. Las personas ven en el matrimonio –o en la pareja monógama y estable– la única forma de realización y de alcanzar la felicidad y la estabilidad emocional. De manera que quien no logra esta supuesta meta, se sentirá desdichada. Y estas nociones las aprendemos en la familia, en los medios de comunicación, en el arte, en la escuela, en la religión, en fin. Los discursos son hegemónicos y parece que no hay escapatoria, cada vez que escuchamos una canción, que vemos una película, que escuchamos hablar a la vecina, que leemos el periódico, que observamos las leyes... Está en todos lados, estamos inundadas de esos discursos. Las personas pasan la vida con una perenne angustia por emparejarse, y que su pareja funcione por toda la eternidad. Y si no funciona, pueden separarse pero seguirán en la perpetua búsqueda de ese algo que les falta, como en el mito de los andróginos de Aristófanes. Compulsivamente. Eternamente. Y serle fiel, siempre, siempre. Dice Diana Neri Arriaga:

> Como vemos, en conjunto todos los ingredientes mitifican al discurso amoroso y lo colocan como el centro de la vida del ser humano apostando por frases como: "el amor

es el amor" o la importancia de "creer en el amor" etc., en donde se derrama metafísica, fe, respeto por lo incognoscible, dios, o elementos de ese tipo que se encaminan a la ilusión de una simbiosis que permite al ser humano –nos dijeron– respirar y moverse, formando así, entre ambos, un mundo nuevo que salva de la mundanidad.[19]

Uno de los legados culturales del matrimonio ha sido la monogamia. La monogamia es un mandato social que nada tiene que ver con lo natural. El matrimonio ligado al amor es un concepto moderno. Por ende, la monogamia ligada al amor es también un concepto moderno.

En los hechos casi ninguna persona en el mundo ha sido monógama (la definición de monogamia es una sola unión sexual, o una sola unión matrimonial... en toda la vida).

Sin embargo, la monogamia serial, que es lo que más puede acercarse a las prácticas de algunas personas, como un ideal de comportamiento –o única forma, más bien– sigue siendo extendida. En nuestra sociedad occidental, ni siquiera se cuestiona que una persona deba ser "fiel", es decir, darle exclusividad sobre su cuerpo y sus afectos, su tiempo y hasta sus pensamientos, a su pareja. Es algo que se da por hecho siempre. Y ni siquiera ya está ligado sólo al matrimonio. Las relaciones de noviazgo (que por cierto, en su origen era una etapa de cortejo con la meta última del matrimonio, y sin relaciones sexuales involucradas) tienen este mandato implícito... bueno, incluso cuando una persona sale con otra, se han besado o tenido relaciones sexuales, se espera que, a partir de ese momento se le de exclusividad a esta persona.

Las concepciones sobre el amor actualmente están basadas en el amor romántico y burgués de novela. Sin embargo, olvidamos que

---

19   Neri Arriaga, Diana Marina, "Cuando Emma abrió su cuerpo y se convirtió en mandrágora: la resistencia desde la vulva y la palabra para construir el contra/amor", ponencia presentada en el Encuentro de Escritores de Disidencia Sexo-genérica, 8 de junio de 2011, Universidad Autónoma de la Ciudad de México, s.p.

en estas concepciones la monogamia se concibe a priori que el amor. O sea, que la monogamia es la que pre-define el amor. Y la monogamia surge a partir de una institución de arreglos económicos donde la mujer es una moneda de cambio, de opresión, control, subordinación y explotación, que es el matrimonio. Entonces, fuera de esa institución matrimonial a la cual muchas mujeres actualmente ya no quieren pertenecer, ¿por qué habría de practicarse la monogamia?

Porque hemos interiorizado que la monogamia está ligada al amor. La monogamia está ligada al matrimonio... pero ¿al amor? ¿Qué otros amores conocemos? El amor de hermanas, por ejemplo. Hasta donde sé, una no pide a sus hermanas que no amen a nadie más. Tampoco el amor amistoso exige exclusividad. El amor es infinito: no conozco a nadie que diga que cuando nació su segunda hija, dejó de amar un poco a su primera hija.

La exclusividad que exige la monogamia sólo se da en el amor de pareja. En este concepto de amor, que relacionamos con el matrimonio y que está estrechamente ligado con la propiedad privada (en este caso, la posesión del cuerpo, los afectos, la sexualidad, la vida de nuestra pareja). Porque este amor ha sido el más regulado socialmente, como ya hemos visto.

La disidencia amorosa: la raíz revolucionaria del contra-amor

El amor puede ser una cárcel o una liberación.[20]

Hay un tema dentro de la resistencia lésbica que aún no es acogido con todo su potencial. Hablo de la resistencia amorosa, de la disidencia amorosa.

---

20 Neri Arriaga, Diana Marina, "Poliamor", en: Mogrovejo, Norma, marian pessah, Yuderkys Espinosa y Gabriela Robledo (eds.), *Desobedientes. Experiencias y reflexiones sobre poliamor, relaciones abiertas y sexo casual entre lesbianas latinoamericanas*, En la frontera, Buenos Aires, 2009, p. 13.

Porque aunque ser lesbiana implica romper con las imposiciones hechas a las mujeres... existe un peligroso resquicio de ese sistema de opresión que interiorizamos y reproducimos aun sin darnos cuenta: la monogamia. Dice Chuy Tinoco en una de sus reflexiones: "no bastaba, no, con ser lesbianas, eso por sí solo no resultó ser nada revolucionario".[21]

Antes de empezar, es prudente aclarar que el concepto de amor es complejísimo: "El amor es uno de los aspectos de la vida, y el más difícil de definir, porque son muy diversos los puntos de vista desde los cuales se puede considerar [...] El amor es también una experiencia de la vida personal"[22].

Como tal debemos comprenderlo y conceptualizarlo. No es un concepto homogéneo porque, por un lado, es un constructo social y, por otro, una vivencia personal.

Entremos en terreno. Seguramente algunas de ustedes han escuchado la palabra poliamor. Seguramente muchx también la confunden con la poligamia. La poligamia es un sistema patriarcal, también opresor, relacionado con un contrato social como el matrimonio monógamo, en el cual se concibe que una de las partes –normalmente la mujer– pasa a ser posesión de la otra. Un hombre posee a varias mujeres.

En contraste, normalmente se describe al poliamor como la posibilidad de tener más de una pareja afectiva o sexual, en libertad, con honestidad y en consenso de todas las personas involucradas. Este término implica romper con el mandato de la monogamia, y propone alternativas para vivir las relaciones afectivas y sexuales entre las personas.

Sin embargo, el término contra-amor me parece infinitamente más acertado. Inicialmente, porque la etimología de poliamor incluye

---

21 Tinoco, Chuy, "¿En el amor de Ruth y Nohemí habrá lugar para Emma Goldman?", en: Mogrovejo, Norma, marian pessah, Yuderkys Espinosa y Gabriela Robledo (eds.), *op. cit.*, p. 38.

22 Armand, Émile, *El individualismo anarquista y la camaradería amorosa*, Ateneo libertario Al Margen, Valencia, 2000, pp. 29-30.

la palabra poli, que quiere decir varias o varios. Pero para vivir la disidencia amorosa, no es necesario tener más de una pareja simultáneamente, ni siquiera tener una pareja. Lo que es necesario es replantearse los mandatos sociales que rodean el mito de la pareja y el amor romántico, aventurarse a construir relaciones con basamentos no ya en estructuras opresoras, sino horizontales, igualitarias, libertarias. No implica reglas como el tener una relación principal, y otras periféricas, o tener una trieja cerrada, o poder tener relaciones únicamente sexuales pero no afectivas con otras personas además de la pareja principal.

Porque todas esas nociones son restrictivas y normativas, y dan cuenta de la imposibilidad de comprender que no hay una sola vivencia del amor. Que cada relación, con cada persona, es un amor diferente y por ende es imposible encasillarlo. Porque la posibilidad y la libertad de amar son tan amplias, que ninguna receta puede restringirlas. Cada relación es distinta y demandará en sí misma una constitución diferente.

Como apunta Émile Armand: "Teóricamente, la experiencia amorosa puede durar una hora, un día, diez años. Puede durar el espacio de un instante o prolongarse una vida entera."[23]

El amor también es infinitamente diverso, pues.

Me resulta absurdo el deseo de dividir las relaciones en: pareja, amigas y familia. Con la infinidad de personas, de diferencias, de circunstancias, de dinámicas, ¿cómo sería posible que todas las relaciones que tengamos a lo largo de nuestra vida puedan entrar sólo en esas tres definiciones? ¿Además, quién hizo esas definiciones? ¿Quién dijo que nos acomodan?

He ahí el problema. Evitamos y restringimos la posibilidad de construir, cada quien a su gusto y necesidad, las relaciones que queremos. En eso consiste la libertad, el contra-amor. En la resistencia, ir contracorriente y romper con los discursos hegemónicos del amor romántico, burgués, monógamo en el cual se sufre, se pierde indi-

---

23 Armand, Émile, *op. cit.,* p. 34.

vidualidad, se sufre violencia, se promete lo imposible... Romper con ello, ¿y de ahí? Construirlo. ¿Cómo? Como nos dé la gana. Tal vez el miedo a construir de cero sea lo que frene a muchxs a hacerlo. La libertad da la sensación de vértigo. Pero quienes decidimos lanzarnos al vacío ya estamos en el camino. Inventando el amor, no consumiendo el que nos dieron ya, manoseado, corriente, podrido, descompuesto. Sino el que queremos y el que nos gusta. Nuestros amores. Y en el caso de las mujeres que somos lesbianas, sin buscar referentes masculinos, construimos nuestras *amoras*.

Haciendo un recuento, podemos ver lo curioso que ha sido que una noción económica, desigual con las mujeres, relacionada con el patrimonio y las propiedades de los varones e incluyendo a las mujeres como moneda de cambio, haya llegado a relacionarse con el amor, y con una cuestión casi ontológica y existencial de los seres humanos. Este discurso se ha llevado al terreno moral-religioso, científico, y jurídico... ha permeado nuestras emociones, nuestro cuerpo, nuestra forma de ver el mundo.

Pero es desde el amor, desde la forma en la que construimos nuestras relaciones afectivas, y no sólo sexuales, sino amorosas en lo general, desde donde estamos reproduciendo un sistema económico y social desigual, opresor, restrictivo, represor...

Es desde el amor, también entonces, donde podemos desaprender esas dinámicas, reinventar, reconstruir, y ejercer la libertad. Decía Ema Goldman: "¿Amor libre? ¿Acaso el amor puede ser otra cosa más que libre?".[24]

Ahora finalmente me pregunto, si no soy católica, ¿por qué vivo el amor monógamo, como dicta la iglesia católica? Si no soy capitalista, ¿por qué vivo el amor monógamo como microsistema económico, sustento del macrosistema capitalista? Si no soy heterosexual, ¿por qué vivo el amor monógamo como dicta el sistema heteropatriarcal? Si soy feminista, ¿por qué vivo el amor monógamo asfixiante y opresor de las mujeres? ¿Por qué, si soy disidente

---

24   Goldman, Emma, *Anarchism and other essays,* Mother Earth Publishing Association, New York and London, 1911.

política, social, sexual… no puedo ser disidente amorosa? ¿Por qué se puede cuestionar el sistema económico, el político, los sistemas de producción, el militarismo, el patriarcado, la heterosexualidad obligatoria, la dualidad del sistema de sexo-género, el poder… pero casi nunca, nunca se cuestiona la monogamia obligatoria?

Este sistema, atraviesa nuestros cuerpos, la forma en que vivimos el afecto, el amor, la sexualidad, la manera en que nos relacionamos con las y los otros, infecta lo más íntimo de nuestros cuerpos desde lo más básico de nuestros sentires: el amor y la sexualidad. Si somos incapaces de cuestionar y reconstruir esta parte básica y cotidiana de nuestras vidas, es poco probable que revolucionemos la sociedad, el mundo, "pues mientras no se revisen paralelamente las relaciones de poder intrínsecas a toda relación intersubjetiva, seguiremos reproduciendo tales relaciones en el campo de lo público".[25]

Las cuerpas lesbianas resisten al heteropatriarcado, a la opresión, a la dominación masculina, a los roles de género… las cuerpas contra-amorosas resisten al discurso hegemónico del amor, al amor opresivo, exclusivo, limitado, asfixiante. Las cuerpas lesbianas contra-amorosas resisten a todos los discursos hegemónicos sobre el amor, el género, la sexualidad, el placer… su misma existencia confronta al orden establecido y resquebraja el sistema. Y de paso, construyen amoras, infinitas, gozosas, libres.

Bibliografía

Armand, Émile, *El individualismo anarquista y la camaradería amorosa*, Ateneo libertario Al Margen, Valencia, 2000.

Castro G., Yan María y Alma Oceguera R., *El lesbianismo como una cuestión política*, Primer Encuentro de Lesbianas Feministas Latinoamericanas y Caribeñas, México, 1987.

---

25 Neri Arriaga, Diana Marina, "Poliamor", en Mogrovejo, Norma, marian pessah, Yuderkys Espinosa y Gabriela Robledo (eds.), *op. cit.*, p. 14.

Coontz, Stephanie, *Historia del matrimonio. Cómo el amor conquistó el matrimonio*, Gedisa, Barcelona, 2005.

De Beauvoir, Simone, *El segundo sexo*, Gallimard, París, 1949.

Durkheim, Émile, *De la division du travail social*, Alcan, Paris, 1902, citado en: Michel, Andrée, *Sociología de la familia y del matrimonio*, Ediciones península, Barcelona, 1974.

Engels, F., *L'origine de la famille, de la propriété privée et de l'État*, 1884, Hottingen-Zürich, pp. 72-73, citado en: Michel, Andrée, *Sociología de la familia y del matrimonio*, Ediciones Península, 1974, Barcelona.

Frente Homosexual de Acción Revolucionaria, *Documentos contra la normalidad*, Bosch, Barcelona, 1979.

García Peña, Ana Lidia, *El fracaso del amor. Género e individualismo en el siglo XIX mexicano*, El Colegio de México, Universidad Autónoma del Estado de México, México 2006.

Goldman, Emma, *Anarchism and other essays*, Mother Earth Publishing Association, New York and London, 1911.

Michel, Andrée, *Sociología de la familia y del matrimonio*, Ediciones península, Barcelona, 1974.

Neri Arriaga, Diana Marina, "Cuando Emma abrió su cuerpo y se convirtió en mandrágora: la resistencia desde la vulva y la palabra para construir el contra/amor", ponencia presentada en el Encuentro de Escritores de Disidencia Sexo-genérica, 8 de junio de 2011, Universidad Autónoma de la Ciudad de México.

_____. "Poliamor", en: Mogrovejo, Norma, marian pessah, Yuderkys Espinosa y Gabriela Robledo (eds.), *Desobedientes. Experiencias y reflexiones sobre poliamor, relaciones abiertas y sexo casual entre lesbianas latinoamericanas*, En la frontera, Buenos Aires, 2009, pp. 15.

Phillips, Adam, *Monogamia*, Anagrama, Barcelona, 1998.

Ramos, María Dolores, "Amor y familia en los sistemas de representación de la cultura occidental, siglos XIX-XX", en: López Cordón, Ma. Victoria y Montserrat Carbonell Esteller (eds.), *Historia de la mujer e historia del matrimonio*, Universidad de Murcia, España, 1997, pp.351-359.

Rosso, Nadia, "La monogamia como pre-definitoria del amor, el poli-amor como estrategia política para un movimiento lésbico feminista", México, 2009, disponible en: https://archive.org/de tails/LaMonogamiaComoPre-definitoriaDelAmorElPoli-amor ComoEstrategia

Szasz, Ivonne y Salas, Guadalupe, "Los derechos sexuales y la regulación de la sexualidad en los códigos penales mexicanos", en: Szasz, Ivonne y Salas, Guadalupe (coords.), *Sexualidad, derechos humanos y ciudadanía, diálogos sobre un proyecto en construcción*, El colegio de México, México 2008.

Tinoco, Chuy, "¿En el amor de Ruth y Nohemí habrá lugar para Emma Goldman?", en: Mogrovejo, Norma, marian pessah, Yuderkys Espinosa y Gabriela Robledo (eds.), *Desobedientes. Experiencias y reflexiones sobre poliamor, relaciones abiertas y sexo casual entre lesbianas latinoamericanas*, En la frontera, Buenos Aires, 2009, p. 38.

Wittig, Monique, *El pensamiento heterosexual y otros ensayos*, Egales, Barcelona, 2006.

9. El ABC poliamoroso o poliamor/ contra-amor para principiantes, pero... ¿quién no lo es?

Diana Neri Arriaga[1*]

Yo no podría, a ninguna edad, ser feliz estando sentada junto a la chimenea y simplemente mirar. La vida fue propuesta para ser vivida. La curiosidad debe mantenerse viva. Uno no debe nunca, por ninguna razón, volverle la espalda a la vida.

Eleanor Roosevelt

Un cambio social real nunca ha sido llevado a cabo sin una revolución... Revolución no es sino el pensamiento llevado a la acción.

Emma Goldman

Eleanor Roosevelt y Emma Goldman sólo tienen en común ser mujeres, transgresoras frente a sus épocas y políticamente insurrectas. Ambas feministas del siglo XX, también tienen caminos muy distintos, si bien las dos pisaron territorio estadounidense, la primera lo hizo con los honores de ser llamada *la primera dama del mundo*,[2] en cambio nuestra Emma había sido considerada según la prensa norteamericana *la mujer más peligrosa del mundo*. Sin embargo estas dos mujeres nos hacen un importante llamado contra el innatismo y la pasividad, nos invitan a apostarle a la vida no desde la mera fe o esperanza, sino en la confianza del camino traducida en acción.

---

1 * Activista contra-amorosa, pionera en colectivizar experiencias como el Colectivo Poliamor de México, ha escrito diversos ensayos sobre el tema, conductora por más de 10 años del programa radial en línea *La casa de los mil cuartos* y actualmente conduce el programa *Las aventuras de Diotima y Sophía bajo la luna.*

2 Según el presidente Harry Truman, dado el papel en sus extensos viajes para promover los Derechos Humanos.

Esta acción de transformarse (permítanme agregar revoluciona-riamente) y no dar la espalda a la vida, implica, sin lugar a dudas, la toma de decisiones constante, y en muchos terrenos particular-mente desde el siglo XIX y XX que hemos, desde muchas brechas, abierto y tomado caminos para la reflexión que, no sin angustia (¡Oh, maravillosos existencialistas!), nos arrojan a vivir y tener cla-ro de acuerdo con la premisa sartreana que: *No hay naturaleza hu-mana... El hombre* (prefiero 'el ser humano', por aquello del sesgo androcentrista) *no es otra cosa que lo que él mismo hace de sí.*

Si entonces como humanx soy libre, responsable y sin excusas de tomar mi camino, entonces necesito los diversos panoramas de elección. Empero, en temas amatorios pareciera, o por lo menos los esquemas culturales inmediatos así nos lo dejan a propósito ver, que no hay más que dos caminos: El amor traducido en feli-cidad, relación de pareja, conformación de familia, etc., o bien, el desamor, soledad, soltería y vida inestable.

Y aún hay más. En cada uno de estos esquemas hay valores sig-nados como los únicos posibles. En el primero: monogamia, fide-lidad, complementariedad o su revés, traición, infidelidad, egoís-mo. Ante tales dicotomías morales, no puede haber posibilidad de elección sino un determinismo amoroso que muchas desdichas y violencias sociales ha sembrado en occidente.

Sin embargo, siempre ha habido, hay y habrá Emmas, Eleanores o mujeres y hombres que queremos sembrar y cohabitar otros cami-nos y desde ahí desafiar a los binarismos decimonónicos y victo-rianos, que muy buen espacio han ocupado en nuestras puritanas conciencias.

Una de esas alternativas desafiantes es el poliamor a quienes al-gunxs llamamos escandalosamente contra-amor. Permítanme pre-sentar esta propuesta, no desde lo conceptual y el punto y aparte, sino como puente, ventana, puerta o cualquier agua, tierra o fuego que desees y te acomode para amar y des-amar a tu gusto.

El poliamor es...

- *El poliamor es una concepción filosófica[3] del mundo.* Un pensamiento crítico que se pregunta el por qué nos relacionamos emocionalmente de tal o cual manera, propone una deconstrucción (es decir, desmontar, desenmascarar las estructuras culturales e ideológicas) que están intrínsecas en el amor o mejor dicho, en la concepción ideológica del amor occidental y propone una reflexión sobre otros modos de relacionarnos.

- *El poliamor es un compromiso ético,* un conjunto de principios e ideas del cómo las personas (me niego a usar el término sujeto[4]) se relacionan con las otras personas y el impacto en el cuidado de sí. Nuestro eje: desmantelar-descomponer la moral hegemónica de la heteronormatividad, la familia nuclear, el matrimonio y la monogamia. La monogamia es un pacto político que reproduce y da consistencia económica y social a la lógica capitalista y, leyendo a Carole Pateman, hemos entendido que nuestras sociedades en la modernidad pactan contratos de convivencia (Hobbes, Roseeau, Locke), pero que tienen un su centro un contrato sexual, siendo éste un medio a través del cual el patriarcado moderno se constituye. ¿Moral? ¿Por qué no mejor ética?

- *El poliamor es una epistemología radical,* un conjunto de propuestas, reflexiones y elaboraciones teóricas que apuntan a cuestionar de fondo: 1) nuestra concepción del mundo, la manera de

---

3   Utilizo filosofía a partir de algunas de sus características más importantes: es una manera diferente de mirar los acontecimientos amorosos, se pregunta el porqué de todo el "sistema amoroso establecido", es crítica, dado que pone en duda lo sentado, es también una filosofía de la praxis, problematiza y propone alternativas con profundas repercusiones en la sociedad, demoliendo prejuicios y falsas concepciones para construir nuevas alternativas, otros mundos.

4   ¿Sujeto? ¿Estamos atadxs? Propongo, siguiendo a Foucault, revisar las concepciones de poder que están ligadas directamente a los conceptos y ahí hacer una resignificación. ¿Qué les parece agentes, personas, actores, actoras de las historias? http://biblioteca.itam.mx/estudios/estudio/letras18/textos4/sec_3.html

situarnos en nuestro entorno y los egos (individualidades) que de aquí se desenvuelven (antropocentrismo, especismo, androcentrismo, etc.); 2) nuestro modo de pensar y posicionarnos frente al discurso amoroso occidental y todas sus derivaciones contractuales, desnaturalizándolo y exhibiéndolo como posible un paquete metafísico que pretende ser el centro del camino humano; 3) nuestra relación directa, cotidiana e inmediata con otras personas y las relaciones de poder que con ellas establecemos o desanudamos, pero que se encuentran insertas en los enunciados del mundo de la vida. ¿Cómo desarrollamos la amistad? ¿Puede ser la amistad una acción política?

- *El poliamor pretende rastrear la cartografía de nuestros afectos*, desde ahí se reflexiona y profundiza sobre los entramados del pensamiento amoroso en occidente, mismo que se ha sostenido a través de una triada paradigmática: monogamia, heterosexualidad y romanticismo, los cuales se articulan desde una educación donde los sentimientos, ideas y acciones están orientadas a perpetuarse como instituciones políticas en nuestras vidas. De ahí que propongo reflexionar desde la radicalidad una propuesta que nombro "contra/amor". Lo defino como una posición y acción ética y política contra cualquier discurso amoroso que violente y controle al ser humano, que cuestiona los mitos, ilusiones y expectativas de los imaginarios monógamos y heterosexuales, fincándose en ejercicios libertarios a través del consenso.

- *El poliamor es una causa política*, donde se dialogan, discuten y proponen otros modos de vivir el amor o las relaciones de afinidad, o camaraderías amorosas o amistades o el nombre que se decida con el otro, la otra, colocar (previo pensamiento colectivo de rompimiento paradigmático) y, desde los actos y prácticas de libertad[5], los diversos modos y las acciones plu-

---

5 Se habla de prácticas de libertad desde Foucault y a partir de entender que la ética es la forma reflexiva que adopta la libertad. Cito: "(...) Insisto más en las prácticas de libertad que en los procesos de liberación que, hay que decirlo una vez más, tienen su espacio, pero que no pueden

rales signadas desde una singularidad identitaria[6] consciente y proactiva que se construye en la democracia directa y radical[7] con acciones cotidianas del espacio político traducido en espacio político autogestivo.

- *El poliamor es una apuesta anarquista,* una actualización política del amor libre en cuanto a movimiento social revolucionario, una afirmación positiva sobre la liberación de nuestro cuerpo y nuestros afectos abiertos a un devenir, pero sobre todo a la conformación de una impostura que encarne en los hechos la consigna de "Ni Dios, ni Estado, ni partido, ni marido", ¿debe haber autoridades/estado/ gobierno/instituciones que rijan nuestro modo de estar con el otro, la otra, conmigo mismx? Discusión sobre el deber ser –siempre presente– apuesta libertaria y hedonista para construir otro mundo posible desde la colectividad, he ahí un importante desafío.

- *El poliamor es un terreno liberado,* espacio amplísimo de propuestas, un proyecto que se construye y replantea a cada momento y a paso de caracol sobre varias apuestas, una de ellas, la posibilidad o acción de establecer relaciones eróticas amo-

---

por sí solos, a mi juicio, definir todas las formas prácticas de libertad. Nos encontramos ante un problema que me he planteado precisamente en relación con la sexualidad: ¿tiene sentido decir "liberemos nuestra sexualidad"? ¿El problema no consiste más bien en intentar definir las prácticas de libertad a través de las cuales se podría definir lo que es el placer sexual, las relaciones eróticas, amorosas y pasionales con los otros? Este problema ético de la definición de las prácticas de libertad me parece mucho más importante que la afirmación, un tanto manida, de que es necesario liberar la sexualidad o el deseo". Michel Foucault, *Sexualidad y poder y otros textos,* Ediciones Folio, Barcelona, 2007 p. 56.

6   Las identidades desde Chantal Mouffe son el resultado de una articulación, siempre frágil y contingente, de las distintas posiciones subjetivas que se ocupan en una estructura discursiva.

7   Sugiero revisar el texto de Chantal Mouffe, y E. Laclau, *Hegemony and Socialist Strategy: Towards a Radical Democratic Politics,* Verso, 1985, London [traducción al español: *Hegemonía y estrategia socialista. Hacia una radicalización de la democracia,* Buenos Aires, F.C.E., 2006], donde aborda su concepción de democracia radical retomada para nuestro propósito.

rosas (afectivas) con más de una persona y con todo el conocimiento, claridad y consentimiento de todxs lxs involucradxs, y que de manera general sostiene tres ejes: 1) compromiso, 2) honestidad 3) igualdad[8] o equivalencia[9] en su sentido más radical. Además de sostenerse a partir de los principios de libertad, respeto a la singularidad, amistad, horizontalidad, entre otros. O en otras trabaja como un proyecto (léase más allá de una alternativa o estilo de vida) que es abrazado por todas las personas (con o sin relación amorosa/erótica) que pretenden revisar cotidianamente sus estructuras de comunicación y relación con las personas en distintos espacios de coexistencia, no sólo el amoroso, y lograr desenmascarar el poder intrínseco en las relaciones humanas, creando a través de los intersticios o más allá de estos, nuevas posibilidades de comunicación dialógica. En este sentido se reivindican monoamorosos con visión poliamorosa[10] o como cualquier persona que sostiene convicciones y no costumbres morales como parte de su elección amorosa para la vida.

- *El poliamor es un lenguaje,* muchos lenguajes sentipensantes (concepto visibilizado por Eduardo Galeano a partir de su ex-

---

8   De acuerdo con Celia Amorós, la idea de igualdad ha sido protagonista durante años en la mayoría de las reivindicaciones de mujeres y de los movimientos de mujeres. El principio de igualdad entre hombres y mujeres es uno de los que menos ha evolucionado en cuanto a lo que significa el reconocimiento de los derechos y libertades fundamentales. Los derechos humanos se siguen vulnerando y con especial impunidad los de las mujeres. En ningún lugar del mundo el tratamiento de las mujeres se ha equiparado realmente al de los hombres. Tomado de: http://www.mujeresenred.net/spip.php?article1301

9   Se retoma el concepto desde Amelia Valcárcel quien nos llama a reflexionar sobre la equivalencia que acompaña la idea de igualdad radical. Recomiendo el texto: Valcárcel, Amelia (1997). *La política de las mujeres,* Ediciones Cátedra, Universidad de Valencia e Instituto de la Mujer, Madrid (Col. Feminismos, 38).

10 Se trata de personas que sostienen relaciones erótico-amorosas con una sola persona y que han tomado esta decisión en consenso y con un acuerdo libertario basado en el respeto al otro, y sin embargo, están abiertos a la experiencia poliamorosa para algún momento de su vida.

periencia con pescadores colombianos) que cuestionan nuestro modo androcentrista de hablar y revisa concepciones desde las etimologías y otras normativas lingüísticas, históricas y sociales conceptos como pareja, matrimonio, esposa, anillo, novio(a) monogamia, familia, etc. Proponiendo neologismos o reactualizando amplias significaciones a partir del establecimiento de un espacio colectivo de lenguaje, articulado desde lo que se entiende en varios terrenos como camaradería amorosa, empatía, amistad, compersión, monoamor, sororidad, relaciones de afinidad, vínculos eróticos-amorosos, contra-amor, relaciones conexas, contrasexualidad, etc.

- *El poliamor es un abanico de apuestas feministas*, puertas abiertas para las mujeres y los hombres en términos de empoderamiento[11]: 1) erótico (este cuerpo es mío y como territorio liberado coloco los placeres y goces con quién, quiénes y cómo deseo) y 2) emocional (El con quién, quiénes, cómo y cuántos comparto mis afectos son también decisiones políticas).

- *El poliamor pretende ser puente*,[12] en lo absoluto panacea, doctrina, ni camino unívoco "salvador" ante la malvada monogamia, sino replanteamiento y de modo radical destrucción/construcción de los paradigmas sociales, aterrizando nuestras propias propuestas directamente en nuestros sentidos, ideas y proyectos que nos descentra de las normalidades, que cuestiona las dicotomías, la visión de género,[13] incluso abraza linderos

---

11 Sugiero revisar y discutir el interesante texto de Marcela Lagarde, *Claves feministas para la negociación en el amor*, Puntos de encuentro, Nicaragua, 2001, 113 pp.

12 Retomo la idea de puente desde la visión zapatista, además de recomendar ampliamente la lectura del texto de Luis Hernández Navarro, *Cinco Miradas para Asomarse al Puente Zapatista*, publicado en línea: http://www.cipamericas.org/archives/601.

13 Hay una veta en las propuestas feministas contemporáneas sobre revisar las categorías tradicionales de hombre y mujer, e incluso desde Teresa de Lauretis, Judith Butler, Beatriz Preciado, entre otras, que colocan en la discusión a la teoría queer, que tiene directas implicaciones con la sexualidad y el género, explorándolo en términos de identidad.

contrasexuales,[14] de ahí que algunxs de nosotrxs además de poliamorosxs somos contra/amorosxs,[15] y sí, lo decimos enfática-
mente, estamos contra el amor romántico mítico y violento que
reproduce desde la justificación del ámbito privado todos los
esquemas sociales de dominación, normativizando sentimientos y reproduciendo los roles sociales en absoluto detrimento
de la búsqueda de subjetividades singulares y colectivas del
bien-estar.

El poliamor es...

Ahora te corresponde, si has llegado hasta aquí y así lo deseas, reflexionar, indagar, polemizar, y colocar todos los verbos posibles
en infinitivo, para que otra vez, desde tu singularidad destruyas y
construyas. Es pues el poliamor, el monoamor o el que decidas...
caminos autónomos. No queremos darle la espalda a la vida.

---

14   En este sentido tomamos la propuesta del manifiesto contrasexual de
     Beatriz Preciado, acompañando de cerca la propuesta de renunciar a
     ser reconocidos como una identidad sexual y –agregaríamos– amorosa
     cerrada. La contrasexualidad es un análisis crítico de las diferencias de
     género y sexuales de una sociedad heterocentrada, deconstruyendo sis-
     temáticamente la naturalización y función reproductora de las prácticas
     sexuales y el sistema de género. Hay conexiones interesantes entre el po-
     liamor y los movimientos queer, LGBTTTIP, diversas prácticas eróticas
     como el *bondage*, etc.

15   Proponemos el concepto contra/amor retomándolo originalmente del
     texto de tinte anarquista de Carlo Frabetti titulado *Contra el amor* (dis-
     ponible en línea: https://www.mujerpalabra.net/libros/pdf/contra_
     este_amor.pdf), reactualizándolo en su concepción y dimensión políti-
     ca, haciendo el énfasis en presentar al poliamor no sólo como proyecto
     singular de vida amatoria, sino como estrategia revolucionaria de la vida
     cotidiana que transgrede sustancialmente –a través de las acciones– los
     paradigmas económico/normativos de la propiedad privada y la pose-
     sión, traducidos en los esquemas monogámicos y estatutarios del esta-
     blecimiento de la pareja y la visión esencialista del amor.

10. Cuarteto, laboratorio experimental sin cuerdas

Entrevista con Lidia Aguado
Julio de 2014

P. ¿Qué edad tienes?

R. Cuarenta.

P. ¿Cuál es tu concepto sobre el poliamor y cómo te ubicas con respecto a esa opción amorosa?

R. Es la capacidad de relacionarme a nivel afectivo y amoroso con diversas personas al mismo tiempo. Cuando digo la palabra "amoroso" me lleva a pensar en varios ámbitos:

Esa relación no tiene por qué estar atravesada por el "amor". (Y por supuesto no me estoy refiriendo al concepto sistémico impuesto del amor romántico, que es absolutamente incompatible con el poliamor). Puede tratarse de una relación sexo-afectiva.

Lo que sí es que, desde mi punto de vista, tiene que haber un ámbito de cuidado mutuo, de consideración por todas las implicadas, tanto tus compañeras directas como sus otras compañeras. Y eso me lleva a pensar en otra dimensión del amor, en este caso de la amorosidad entendida como *una atención que considera a Las Otras, a Todas*. Eso en cualquier relación pero luego con más razón aún si lo amplías a la poliamorosidad.

Tengo en cuenta a la o las compas con las que me relaciono y también a las otras personas con las que se relaciona mi pareja. Y de hecho me gusta, me emociona que mi compa tenga otras compas; me preocupo por sus compas, porque estén bien...

Es una venganza gozosa ante el dogma heteropatriarcal para el control de nuestros cuerpos y de nuestra capacidad y modos de querer, amar y compartirnos.

P. ¿Desde cuándo te consideras poliamorosa?

R. Hace años tenía la inquietud porque se me hace sano y saludable, realista, y en mi anterior relación no lo pude poner en práctica, fue una relación cerrada hasta que terminó; y estoy practicando la poliamorosidad desde hace dos años.

P. ¿Puedes decir que antes de esta nueva experiencia, tú tenías celos? ¿Cómo manejabas los celos?

R. Supongo que sí, y que en el desarrollo de mi madurez, en la trayectoria de mi vida personal, claro que he sentido celos, aunque nunca han sido primordiales en mi vida, no me he dejado llevar por los celos. Independientemente de eso, sé que sí porque todas estamos transversalizadas por una idiosincrasia dominante que nos han inculcado. Aunque seamos mujeres insumisas y cuestionadoras no estamos exentas de muchas cosas. Ya que hice consciente que los celos son el brazo armado del patriarcado, y una de las herramientas para mantener el control sobre nosotras e inyectar toxicidad en las relaciones humanas, me he preocupado por analizarlo y manejarlo.

Creo que una buena técnica es darle la vuelta: en vez de pensar feo de las compañeras de tu compañera, canalizar esa energía negativa en positivo, esto es, pensar en ellas, preocuparte por ellas y porque estén bien.

P. ¿Has hecho algún trabajo particular para manejar los celos?

R. Pues simplemente he politizado el tema y lo he estado pensando y comentando con otras personas. Sobre todo con mis compañeras: cuando alguna de nosotras hemos sentido *'algo así parecido a los celos'*, lo hemos hablado. Es sano y reconfortante.

P. ¿Me quisieras contar alguna experiencia en particular poliamorosa sobre la cual podamos conversar un poquito?

R. Bueno, no hay referentes, hay que irlos construyendo con mucha claridad, haciendo camino al caminar y de repente te encuentras en puntos en los que tienes que detenerte para revisar el camino. Por ejemplo, ahorita tengo una relación estable, sexo-afectiva con mi compañera y no tengo aparte, otras relaciones; pero ella sí, y yo me llevo muy bien con sus otras compañeras.

P. ¿No sientes celos?

R. No. Sí siento cuando a veces por un tiempo prolongado está con alguna de ellas, pues de repente siento que …

P. ¿Abandono?

R. No abandono; yo sé que no me está abandonando, soy grande y sé que no me está abandonando, pero sí como descuido de la comunicación y aún yo sabiendo que está en una circunstancia en la que no tiene acceso a medios de comunicación. Que ahorita en cierto momento está por un tiempo conviviendo más con la otra compañera que vive más lejos, vive fuera del país, y entonces tiene que darle más atenciones en ese momento, entonces yo pienso de repente que un poco de descuido de la comunicación.

Y algo que he localizado es que, si de por sí me llevo muy bien con sus otras compañeras, hemos ido desarrollando esa relación y cada vez nos llevamos mejor. Pero en un principio hubo una situación que se me hizo sumamente interesante, y es que coincidimos físicamente en un mismo espacio-tiempo con una de sus compañeras, es decir, coincidimos tres de las cuatro.

Quizás es necesario apuntar que con mi compañera creo tener algo así como la relación "principal" dentro de cuarteto ("principal" entre comillas, esto si quieres también lo podemos desarrollar, el concepto de "principalidad" entre comillas). Ambas tenemos la costumbre de expresarnos el afecto cuando se nos antoja, lo cual es bastante a menudo. Entonces coincidimos en este mismo espacio-tiempo, con un círculo de amigas, paseando en una ciudad ajena, y de repente yo tenía el antojo de expresar ese afecto dándole un beso, abrazándola, haciéndole una caricia, dándole la mano o algo así y me coartaba porque estaba su otra compañera. No sabía en ese mero momento cómo poder expresar ese afecto y también tenía desazón porque pensaba que ellas dos también estuvieran sintiendo esa incertidumbre de "¿cómo actúo sin dañar a las demás?", y eso me estaba enojando en aquel momento, la desazón, la incomprensión de la situación, me puso un poco ansiosa y me dio pesar. Esta anécdota sirve para ejemplificar lo que te comentaba, que hay que ir armando los referentes y enfrentando la falta de estos sobre el camino, lo que a veces nos lleva a encontrarnos en situaciones poco agradables o desconcertantes. Y lo que pasó es que durante un par de horas se sintió un poco de tensión e incertidumbre en el ambiente, pero nuestro paseo terminó en un baile y ahí se destensó todo, creo que porque ante todo, las tres teníamos la conciencia y las ganas de hacerlo lo mejor posible: estuvo muy rico, una bailó con otra, y otra con una, y así nos la llevamos. Estuvo muy interesante, muy rico, muy relajador, muy distensionante e, incluso tiempo después, ya con más calmita, pudimos platicarlo.

P. ¿Las tres?

R. Inicialmente por separado. Primero lo comentamos entre dos y luego las otras dos. Aun así estuvo muy interesante porque lo pudimos hablar, analizar, evaluar desde la razón y desde la emoción, porque hay que tener en cuenta ambos aspectos. La emoción de repente puede estar permeada por esa idiosincrasia de los celos o de otros valores patriarcales sumamente dañinos y entonces hay que meter un poquito a la razón; politizar para resignificar esos sentimientos jodidos que nos han inoculado.

Entonces lo pudimos platicar, primero por separado y recientemente (ya bastante tiempo después de nuestro primer encuentro 'a tres bandas') hemos vuelto a coincidir, y con calma lo pude plantear y lo hablamos estando las tres juntas. Primero, aprovechando que mi compa estaba en el cuarto, yo lo pude hablar con la otra, así como quien habla de cualquier tema, sin mayor bronca. Claramente lo hablamos y estuvo superinteresante, a mí eso me agrada mucho, poder hablar las cosas. Estamos claras de que estamos descubriendo un camino y que en una de esas erramos y no sabemos bien cómo seguirle o qué sentir, o qué pensar. Entonces creo que cuando estás en esa disyuntiva primero que nada hay que hacerlo consciente y expresarlo. Es muy sano y necesario poder verbalizar –por ejemplo– "oigan chicas, me estoy sintiendo de 'tal' modo ahorita y no sé cómo sentirlo ni interpretarlo, ¿tú cómo lo ves?". Es un gran alivio, da mucha tranquilidad y gusto, es reconfortante, retroalimentador y te acerca a las otras. Me hace sentir en manada.

P. ¿Cuándo hablas de la pareja principal, qué significa la pareja principal? y ¿qué diferencias y semejanzas tendría con el tema de la exclusividad?

R. Creo que para nada tiene que ver con la exclusividad, todo lo contrario, el poliamor es un modo de incluir, no de excluir. Ahora, "principalidad" entre muchas comillas porque entiendo que sí suena excluyente en la medida en que si hay un principal es porque hay algo que es menos principal. No sé bien, estamos armando conceptos, términos que puedan describir cosas que de momento no sé si pueda ponerles un término, está difícil... es una construcción desde cero y con todo el sistema un régimen heteropatriarcal ¡en contra! Se vale no tener cosas claras y tener dudas, es parte de cualquier construcción.

P. Pero por ejemplo, en el caso que comentas, si se encuentran las tres, ¿hay una principal y la tercera tendría que ceder el lugar?

R. No, no, no, creo que en la coincidencia de un mismo espacio-tiempo es necesario todas tenernos en cuenta y después de aquella primera ocasión en que nos encontramos en una situación de desconcierto, fue muy interesante que ocurriera para a partir de ahí analizar. Me he imaginado en otra situación en la que volvamos a coincidir las tres o incluso las cuatro, y considero que todas tenemos el derecho y la necesidad de poder expresar ese afecto –en este caso– con la compañera "intermediaria" que nos une, y en otros casos –si se diera– con el resto de compañeras de cada una. Por cierto que, de broma nosotras le llamamos la "fundadora" a la compañera que compartimos (la "intermediaria").

Entonces de tal modo que si estamos todas juntas y de repente a Nina se le ocurre darle un besito a Malú, o a Malú darle un besito a Nina, a mí no me tiene ni porqué afectar, más al contrario, si yo quiero a mi compañera, estoy feliz que encuentre otras personas con las que retroalimentarse, ¿sí? Es un trabajo de retroalimentación porque también te tienes que posicionar en una relación, bajo mi punto de vista, de un modo fortalecido, entre otras razones, que no estés esperando una expectativa o una persona que rellene todas tus carencias. Entonces es una retroalimentación en tanto que yo soy una persona lo más independiente posible, lo más autónoma, lo más fortalecida posible. Hasta lo posible, o gradualmente... Pues déjame decirte que esto lo estoy comentando porque lo tengo localizado racionalmente, pero te confieso que me hace falta trabajarlo bastante más, ninguna somos *superwoman*. Bueno, en definitiva me refiero a posicionarte desde esa autonomía y fortaleza que no te ate a una dependencia que te lleve a una situación de dominación/sumisión o de desventaja, a ese sentido me refiero.

Al posicionarte en una relación desde una actitud fortalecida y de consideración mutua, que además procura la autonomía propia y de la otra, evitando juegos de poder y desventaja, logras que el tan dañino concepto de la complementariedad (que es uno de los fundamentos del amor romántico), se convierta en una retroalimentación emocionante que te ayuda a crecer. Personalmente, al compartirte en esa situación de retroalimentación, a mí más que darme celos me pone contenta, me hace feliz saber que mi compañera se está relacionando con otras mujeres que la retroalimentan. De igual modo que me encanta que en su trabajo, en su vida diaria, en su accionar político etc., se retroalimente de muchos modos y con muchas otras personas.

En su chamba no coge con sus compañeros ni compañeras, pero igualmente es retroalimentación, entonces ¿por qué el hecho de compartir los cuerpos va a tener una *marca territorial* o de exclusividad? Y, por otro lado, este trabajo de retroalimentación entre nosotras, mujeres inscritas en una relación poliamorosa, no consiste únicamente en coger: hay muchos otros ámbitos que compartimos y que mantienen este vínculo intensa y gozosamente, como pasar ratos juntas, el compartir espacios, actividades, acción política; como el continuo debate e intercambio de ideas, mantener y alimentar la agitación intelectual, hacer cosas divertidas, apapacharnos, etc.

Bueno, entonces cuando nos encontramos las tres o las cuatro, no me tiene por qué dar celos si una le da besitos o le da la mano o le hace una caricia o se acuestan abrazadas. Que lleguemos a entablar una relación además de afectiva, sexo-afectiva entre nosotras, más allá de la compañera que compartimos, eso lo dirá el tiempo: o a lo mejor sí o a lo mejor no, no es 'por obligación'.

P. ¿Y cuando hablas, por ejemplo de pareja principal, implica un concepto de pareja? ¿O cómo entiendes la pareja?

R. Cuando yo hablo de mi "relación principal", es algo extraño todavía, lo estamos trabajando pero está un poco difícil de expresar al exterior. Nosotras a nivel interno creo que lo estamos llevando muy bien pero como no hay referentes todavía, pues es difícil de explicarlo. Hablo de "pareja o relación principal" como mi pareja, pero también es un concepto muy extraño de pareja que para nada coincide con el concepto sistémico, establecido y convencional. Porque ambas tenemos claro que queremos vivir por nuestra cuenta, somos muy independientes, muy en nuestro espacio, muy expansivas en nuestro espacio y tenemos ya nuestra vida muy hechecita, muy a gusto pues.

Otra característica particular y peculiar de nuestra relación es que además nos separa la geografía, pues vivimos en estados diferentes, separadas por siete horas de distancia por carretera. Claro que sí coincidimos en espacio-tiempo: nos encontramos por periodos de siete o diez días, eventualmente un poco más.

Compartimos la cotidianeidad durante ese tiempo cada mes, dejando otro intervalo entre medias, así es que en ese sentido tampoco coincidimos con el concepto convencional de compartir una vida cotidiana. Decimos "pareja" porque hay un modo de compromiso, de alimentar la cercanía y la atención de una por la otra: nosotras nos comunicamos casi todos los días, y mi compañera con sus otras compañeras se comunica un poco más esporádicamente... Y cuando decimos "principal" no es a modo de exclusión.

Una de las compañeras de mi compañera dice que está en una relación de "anti-pareja" y de "no-novia", y eso se me hace interesante. Tienen una relación de mucho cuidado, sí, emocional, pero no se ven tan a menudo, no se hablan tan a menudo, tienen un poco más de independencia. Claro al decir independencia, alguien puede interpretar, "ah, entonces tienes una relación de mayor dependencia con tu pareja principal". No es que tenga una relación de mayor dependencia, es una relación de mayor cercanía espacio-temporal (a pesar de la geografía que nos separa). Y llegadas a este punto, es imprescindible apuntar que es muy muy difícil tratar de nombrar y verbalizar este acto de disidencia-erótica usando un lenguaje que está tan permeado por significados, conceptos e imaginarios sistémicos; con lo que me parece que es absolutamente entendible que aún estemos en el proceso de encontrar y construir las palabras y conceptos que realmente nombren y describan lo que queremos, hay que tener paciencia.

P. Pareja viene de "par", de una formación de dos, de donde se desprenden todos los sistemas binarios, la posibilidad de la existencia nada más de dos personas, dos opciones, etc. ¿Cómo resignifican esto, incluso los conceptos?

R. Bueno, como recién te decía, el vocabulario del que disponemos aún es bastante limitado y colonial. Hay que seguir resignificando el lenguaje. Por ejemplo, como "pareja" viene de "par", y en nuestra cabeza tenemos inoculado que eso quiere decir "dos" y que es sinónimo de exclusividad. El lenguaje se acompaña de una perspectiva, una idiosincrasia, una visión del mundo. Quizás en lo que resignificamos seguimos usando unas palabras que suenan muy sistémicas, que expresa dicotomías, pero sin embargo en nuestra realidad somos cuatro, con una mujer que es la central porque ella tiene tres relaciones.

Yo me comunico con sus otras compañeras, no tan a menudo como con ella, pero busco esa comunicación. Para mí hay un cierto compromiso que quiero mantener vivo, también con mucha libertad y cuidando sus autonomías; es decir, sin pretensión de "injerenciar" en sus vidas ni relaciones, sino desde el cuidado y atención de la otra –reitero– con el interés de preocuparme por cómo están. Las tengo mucho en cuenta, soy muy cercana a ellas, me ocupo en incluirlas. Es una pareja amplia, flexible, más bien, somos socias, comadres, carnalas. Me pone muy contenta. Estoy pendiente pero independiente...

P. ¿No han tenido todavía posibilidades de convivencia conjunta?

R. Conjunta entre las cuatro no, muy poquito de tres en tres. Estoy tratando de poder lograr ese encuentro entre las cuatro.

P. Las relaciones, digamos, tradicionales, implican el ámbito de la construcción de una relación que es incluso sistémica en el sentido de que se construye para el futuro, pensando en formas de apoyo mutuo.

R. De complementariedad básicamente.

P. Sí, pero también de apoyo mutuo. Es casi incluso como una inversión al futuro y una suerte de seguridad que tiene que ver con cuestiones materiales, de inversiones para una forma de seguridad. ¿Cómo se recontextualizan estas formas de relación desde esta perspectiva?

R. En la perspectiva monogámica, heteronormativa y patriarcal, la panacea de la seguridad se plantea desde una posición muy condicionada que usualmente se interpreta como seguridad, la que puede dar lugar a una gran desigualdad entre sus integrantes, independientemente de que se trate de una pareja heterosexual, lesbo u homosexual. Es el patrón de muchas parejas heterosexuales "a largo plazo" donde más ocurre que, para mantener esa "seguridad" material –y de cuidados– que cobija a ambas partes; deben aguan-

tarse "hasta que la muerte los separe", aún en condiciones de desigualdad y viviendo en una dinámica en la que el hombre domina o
"lleva los pantalones". Si se crean redes dinámicas de apoyo mutuo
con una perspectiva más a largo plazo dentro de la poliamorosidad, sería implícito hacerlo desde otra base diferente a la que acabo
de describir, la base de la igualdad y no control, coacción ni imposición sobre la/s otra/s.

P. ¿Cómo funcionan los ámbitos, por ejemplo, de solidaridad, de
apoyo mutuo? ¿O es un ámbito absolutamente individualista?

R. Creo que hay dos preguntas en una.

P. En principio, ¿hay perspectiva de construcción o no hay perspectiva?

R. Sí que puede haberla, con otra perspectiva diferente a la convencional establecida, como decía en la anterior pregunta.

Ahora bien, hablando desde mi propia realidad: inscrita en este
sistema neoliberal capitalista basado en la usura, más allá de mis
relaciones sexo-afectivas, mi futuro se perfila bastante incierto, es
decir, que no tengo ni idea de cómo coño la voy a librar cuando mi
cuerpo envejezca, y creo que es el panorama de muchas mujeres
de mi generación, cuya realidad precaria deja entrever un futuro
aún más incierto. Si bien es una perspectiva poco agradable, pero
ahorita de momento tampoco quiero empezar a preocuparme por
hacer una ruta de acción para que viejita no me muera de hambre
o terminar de indigente en la calle, y tampoco pienso que "atarme"
a una compañera sea una solución justa y sana. Entonces ahorita
mero con cuarenta años no puedo construir hoy, la relación pensando en cuando tengamos sesenta, setenta u ochenta años. Supongo que como muchas otras mujeres, estoy trabajando arduo
en lograr una plataforma menos incierta y más estable de vida (en
términos laborales pues). Si paralelamente logro construir relaciones sanas y retroalimentadoras con otras compañeras en las que
el apoyo mutuo es algo que se da de manera cotidiana, supongo

que a futuro esa base puede ser soporte para armar un plan o colectividad cuando todas nos hagamos viejitas, incluso e independientemente de si hay o hubo una relación sexo-afectiva. O quizás esta sea, una más de mis ideas guajiras que de manera inocente e idealista visualizo.

En cualquier forma se me haría muy pesado ahorita, a mis cuarenta años, estar viviéndome con las mujeres con las que tengo una relación sexo-afectiva en función de lo que va a pasarnos cuando tengamos sesenta años. Efectivamente, muchas relaciones lesbo, homo o heterosexuales, se viven y construyen desde esa perspectiva, y se me hace casi como una condena.

P. ¿Eso significa que es una construcción en torno a la amorosidad de distinta manera?

R. Sí, otro tipo de amorosidad. Queda claro que yo no me fundamento en el concepto de amor romántico (de hecho me produce alergia). Últimamente estoy escuchando diversas perspectivas de análisis y crítica acerca del concepto del amor, que cuestiono bastante aun en sus versiones más libres y alternativas al añejo concepto del amor romántico. Pareciera que el concepto amor (en su versión más fascista como es la romántica o la progre-alternativa) es otro modo de marcar la exclusividad, como un sello candente que marca la posesividad, claro, de un modo más disimulado, como con guirnaldas, a diferencia de los celos, que es una herramienta de dominación y control bastante tóxica y venenosa. El matrimonio es otra herramienta de exclusivización y posesividad que tiene el estado-sistema para crear interdependencias entre los cuerpos. Igual que un perro orina para marcar un territorio: si te dicen que te aman, ya perteneces a esa persona, cuando en realidad tenemos la gozosa capacidad de amar a varias personas al mismo tiempo, y de mostrar amorosidad.

P. Como esto es muy nuevo implica también incertidumbre y ello puede dar lugar a relaciones de poder, ¿qué te causa incertidumbre?

R. Estamos construyendo un camino absolutamente transgresor y atenta contra el sistema. Es un fundamento de partida sumamente importante, y ser conscientes entonces, para cuando caigamos en una incertidumbre, y como dije antes, poder platicarlo abiertamente. Todas tenemos responsabilidad en la construcción de ese camino.

P. ¿Cómo has detectado que este tipo de relaciones puedan derivar en relaciones de poder y cómo se trabajan?

R. De hecho es en mí en quien mis compañeras han detectado actitudes con cierta tendencia a ejercer un poder (!!ay!!...). No estoy exenta, la pureza política es un ideal inexistente, puede ser hasta otro modo de yugo; pero de que son modos y maneras que ineludiblemente es necesario (necesito) deconstruir, pues no hay duda. Lo que ha ocurrido es que mi/s compañera/s me han dado un toque de atención.

Quiero compartir, por si es de utilidad para alguna compañera, una situación que hemos vivido en este cuarteto, y que ha sido una de las situaciones por las que me he merecido ese toque de atención:

En algún momento mi pareja se ha cansado de dar atención a nosotras tres y ha interrumpido la comunicación. Esto ha ocurrido sobre todo en momentos en que su agenda de trabajo y actividades se ha visto saturada, y en cualquier caso yo al menos lo entiendo como algo absolutamente válido y natural. En un país caracterizado por la continua violencia impune contra las mujeres, índices de criminalidad e impunidad altos, tanto de parte de los cuerpos "de seguridad pública" como del crimen organizado, secuestros, asaltos y desapariciones y criminalización de la disidencia; para mí es una premisa cuidar a las mujeres que me rodean. En este caso concreto que estoy compartiendo, creo que mi preocupación se malinterpretó o quizás sí pasó a ser un ejercicio de poder, pero el aprendizaje fue: se vale desconectarse y poner una distancia física y temporal, pero chicas: avisen a las demás, y si ese periodo se prolonga, envíen un escueto aviso con cierta regularidad, aunque sólo diga "estoy bien, gracias, adiós".

P. Entonces tú también detectas, por ejemplo, incluso que la comunicación puede tener ámbitos de ejercicios de poder. El hablar o el no hablar.

R. Sí, el hablar y el no hablar pueden ser ejercicios de poder, de hecho es otro modo de violencia, aunque en este caso que te compartí creo que más bien fue un asunto de descuido. Como sea, la palabra Comunicación dentro de este tipo de relaciones tiene un papel preponderante, en múltiples sentidos.

P. ¿Cómo trabajan las reglas internas de la comunicación? En algunas relaciones poliamorosas las regla es comunicarlo todo, la apertura a nuevas relaciones casi como el permiso, está condicionada a que todo lo comuniques, a que todo lo digas.

R. Yo no creo que ni siquiera en relaciones monógamas, sean lésbica, homo o heterosexual, haya que contarlo todo. Eso sí es caer en un ejercicio de poder, de una relación de sumisión y control, rompe con la independencia, autonomía e individuación que –por el contrario– debemos procurar en nosotras y las otras. Todas tenemos derecho a nuestra "yo" misma.

Ahora bien, en torno a lo que específicamente tiene que ver con mis relaciones poliamorosas, vislumbro diversos escenarios: probablemente habrá "acostones" que no le contaré a mi/s otra/s compañera/s, aunque como procuro tener muchas complicidad en general hasta disfrutamos compartiéndonos este tipo de cosas, incluso si es que simplemente una mujer me anda "papaloteando", también me divierte platicarlo. Si pretendo entablar otra relación a la que quiero dar más atención más allá de un acostón eventual, entonces sí se me hace imprescindible y honesto hacer del conocimiento de todas, tanto de "la nueva integrante" como de la/s otra/s.

P. ¿Existe una ética del cuidado? ¿O qué reglas o cuidados establecen?

R. Sí, hemos establecido reglas y cuidados, por ejemplo contarnos si establecemos otra relación, cuidarnos físicamente y tener precauciones en cuanto a salud sexual. Y hay otras reglas que no hemos hablado explícitamente, casi que son de sentido común, por ejemplo: Nina y yo tenemos la costumbre de llamarnos los domingos a cierta hora para darnos los buenos días y platicar un ratito, pero si yo sé que Nina está con Carla porque durmieron juntas, aparte de alegrarme mucho y estar superencantada, no la llamo para darle los buenos días para no interrumpirlas.

P. Cuando sabes que tu novia o no-novia está sexualmente disfrutando con otra persona, ¿tu sentimiento es de complacencia?

R. De complacencia, de gusto, sé que está acompañada, sé que está gozándolo. Igual que si sé que fue a un evento que le gustó, que disfrutó o del que se nutrió, pues ¡que chido! Igual, es lo mismo.

P. ¿Cómo te vives dentro de este laboratorio como sujeta y parte de la experimentación?, ¿crees que se está generando conocimiento con esta experimentación?, ¿cómo te ubicas dentro de la experimentación?

R. Todas somos parte del experimento, se genera conocimiento, experiencia, se genera posicionamiento y referente político, se genera transgresión. A nuestro alrededor estamos rompiendo un montón de cánones. Mis amigas tiro por viaje me comentan, me preguntan muy extrañadas, "oye, ¿cómo vives esto?, ¿de veras no te dan celos?". Me da mucho gusto este experimento.

P. En una sociedad normativamente monógama, quienes salen de la regla se encuentran con una serie de controles y castigos sociales que no solamente vienen del Estado, sino de la misma sociedad, de la misma comunidad, a veces de la familia, de lxs amigxs, que tienen absolutamente introyectada la heterosexualidad y la monogamia obligatoria para volverte a llevar al cauce de la regla aceptada. ¿Cómo vives esos ámbitos del control y la censura social?

R. Obviamente no solamente en el ámbito de la poliamorosidad, sino que en muchos ámbitos tenemos que tener ciertos tipos de cuidados porque incluso se puede poner en riesgo nuestro puesto laboral, la vivienda que rentamos y por supuesto nuestra integridad física. Somos susceptibles de ser objeto de control, censura o discriminación, estigmatización y represalias por ser lesbianas, feministas, poliamorosas, transgresoras del sistema por nuestra imagen y palabras no convencionales; porque somos mujeres que no nos quedamos calladas y entonces somos non gratas y peligrosas.

Aun así hay ciertos espacios físicos, geopolíticos, geográficos donde sé que mejor "disimulo" y no ostento mi apatía por el sistema establecido porque localizo que son espacios donde realmente puedo ser objeto de agravios.

A nivel familiar, por ejemplo, me da mucho gusto que ya todxs han asimilado mi lesbianismo, pero no tengo ganas de hacerles saber sobre mi poliamorosidad: ni lo van a entender, ni siquiera hace falta. Sólo con algunxs miembrxs de mi familia puedo compartir ese tipo de cosas "exóticas", que escuchan con atención, serenidad y profundo respeto.

Sobre otras personas que conforman mi universo de vida, son personas con mente absolutamente abierta y librepensadora, así es que me expreso con bastante apertura. Algunxs disfrutan de mis anécdotas, planteamientos y propuestas políticas y, otrxs a quienes les cuesta un poco más entenderlo, casi que con obstinación tratan de convencerme de cosas como que "en el fondo sí siento celos"... Estxs me causan mucha gracia, aunque a veces llegan a exasperarme un poquito...

P. Acordar los términos de la relación, ¿implica que son fijos?

R. No absolutamente, son flexibles, ahora antes de flexibilizar quizás también es importante también pre-hablarlo. Si tenemos algo regulado que nos ha sido útil hasta ahorita, pero llega un momento –así sea una semana o cuatro meses después– que vemos que ya no nos está siendo útil, lo analizamos y lo recontextualizamos, replanteamos. Pero también si tenemos hablado que nos tenemos que cuidar sexualmente, tener precauciones si cogemos con otra persona, romper esa regla así nomás que por mi propia decisión unilateral se me hace peligroso y desconsiderado con la otra persona, no sólo por su salud, sino también por ese acuerdo en tanto consideración que hemos tenido. Los acuerdos son flexibles pero esa flexibilidad también implica un ámbito de sentido común y de consideración por la/s otra/s.

11. La libertad y el amor: Contra-amor, poliamor, relaciones abiertas, ruptura de la monogamia obligatoria entre lesbianas del Abya Yala. X Elfay[1]*

Norma Mogrovejo

El 12 de octubre del 2014, nos juntamos 23 lesbianas del Abya Yala en el X Elfay en Colombia, para intercambiar reflexiones sobre el amor y la libertad, el poliamor, el contra-amor y las relaciones abiertas entre lesbianas. Después de tres horas de intercambio, el encuentro entero hablaba del tema. A continuación hago una edición de la transcripción de dicho taller.

Las lenchas llegaban, 7 de Colombia, 5 de México, 3 de El Salvador, 3 de Euskal Herria, 2 de Chile, una de Brasil, una canadiense y una gringa.

Hemos convocado a este taller debido a que las experiencias contra-amorosas, poliamorosas, de relaciones abiertas o de sexo casual, si bien son más frecuentes de lo que parecen, carecen de referentes. Muchas veces son vividas desde la clandestinidad con culpa, con censura, y en situaciones de riesgo. Otras, son vividas desde la desobediencia expresa, creativa, de manera experimental. Prácticas diversas que nos hablan de experiencias de rupturas dirigidas a la transformación de situaciones normativas y constringentes, lo que representa conocimientos generados desde el empirismo cotidiano. Hay muy poco escrito al respecto. Algunos de estos textos aparecen incluso como preceptivos y jerarquizantes. En tales circunstancias, los mejores referentes son las experiencias compartidas en el ejercicio de la ruptura de la monogamia obligatoria. Esto implica hacer de dicha experiencia, no un recetario, ni

---

1 *Agradezco a Maite Irazabal por la transcripción de este taller.

siquiera en lo personal, ya que cada relación es única e irrepetible, sino el asumir la experiencia contra-amorosa o poliamorosa como un laboratorio permanente. Así, romper los mandatos hetero-mo-nogámicos implica asumir que somos sujetas de nuestra propia experimentación y, en consecuencia, de la construcción de nuestros propios laboratorios, acuerdos y cambios. Ante la imposibilidad de reglas, recetas o fórmulas, sólo nos queda la opción de la prueba y el error permanente.

La posibilidad de compartir las experiencias tiene, en este momento histórico, un valor fundamental. Justamente, a partir de las experiencias que tenemos, los acuerdos que vamos construyendo, siempre sujetos a la posibilidad del cambio, estamos construyendo nuestra epistemología, nuestro conocimiento.

Este es el valor del taller, la posibilidad de escuchar y aprender de la experiencia de la otra, de comparar, analizar, desgranar todas las experiencias y sacar nuestras propias conclusiones, la manera en cómo cada quien ha asumido la desobediencia a la monogamia obligatoria, al mandato del amor romántico, a la concepción de la complementariedad y la intemporalidad del amor, las diversas formas en que hemos concebido el amor de manera inclusiva, sumatoria, o las formas en que hemos decidido o podido experimentar, y las formas como hemos enfrentado los dispositivos del control social que nos obligan a la obediencia, la manera como concebimos el contra-amor, el poliamor, las relaciones abiertas o nuestras relaciones sexo-afectivas.

P. ¿Cuáles serían las diferencias entre poliamor, contra-amor y relación abierta?

–El poliamor es la posibilidad de amar a más de dos personas y esto no necesariamente implica la convivencia pero sí la existencia de un compromiso afectivo. Y puede ser que entre esa comunidad exista esta sinergia amorosa entre todas o entre algunas de ellas, pero está presente el amor entre más de dos personas, de manera consentida, comprometida y en condiciones igualitarias o equivalentes. En las relaciones abiertas puedes estar o no involucrada en alguna relación y tienes la capacidad de mantener relaciones libres sin ningún compromiso. El contra-amor es un concepto político que se contrapone al amor romántico que ha marcado las relaciones afectivas con el sello de la exclusividad, de la propiedad, del control, que incluso funcionan en triejas. Puedes tener o no alguna relación amorosa de compromiso, pero en tus relaciones sexo-afectivas estás clara que son parte de la acción política de la deconstrucción del amor romántico, monogámico, heteronormativo. Lxs contra-amorosxs son críticxs al concepto del amor establecido y aprendido. De hecho algunas personas plantean evitar el concepto amor. marian pessah ha denominado a este tipo de relación ruptura de la monogamia obligatoria (RMO) y, actualmente, Anarquía amorosa.

–Lo que a mí me parece muy rescatable del concepto de contra-amor es la crítica que hace del poliamor. Con este último se está reproduciendo con muchas novias el mismo concepto de amor de compromiso monogámico. Con cinco o con catorce, el poliamor se está yendo por las mismas rutas del amor romántico que exige fidelidad o exclusividad. Hace poco una amiga mía me dijo: cómo te defines poliamorosa, si ni una novia tienes. Es una posición política. Yo soy contra-amorosa –es el término que a mí se me ha facilitado mucho más–, porque igual sales con personas con quienes te interesa coincidir o algo así y no es tan complicado como la poliamorosidad, porque no necesariamente hay el compromiso del "noviazgo" de una o más. A mí, el contra-amor me parece más interesante en términos conceptuales. Creo que el contra-amor es un término muy político, porque me parece también muy práctico. No es que no ames, sino que amas de un modo distinto, porque está en contra del amor romántico o heteronormativo. Entonces no significa que vas a tener una, dos, tres novias –que sería el término que se le ha dado desde la heteronormatividad, que todas tienen que ser fieles, mantener ciertas categorías jerárquicas–, sino que vas a tener compañeras que sí están en una relación de contra-amor.

–Yo tenía una relación poliamorosa con mi ex pero a mí también me parece algo muy complejo, porque la primera vez que ella me dijo que había tenido sexo con alguien más, yo estaba lejísimos y fue por celular, sentí una cosa horrible que yo decía: "o algo funciona mal o yo me hice una cosa mental que era de apropiación", y entonces me puse a cuestionar estoy colonizando a mi compañera, una cosa de latigarme y me sentía mal por lo que estaba leyendo a través del celular, pero también por mi reacción, porque mi primera reacción fue decirle que no la quería ver en mucho tiempo, y luego empecé a decir: "pero esto es sumamente incoherente". Cuando volví del viaje y me reencontré con ella, como que aquí no pasó nada, y sí, siento un montón de amor por esta sujeta y estoy construyendo un montón de cosas con ella, mucho más allá de esa apropiación. Sin embargo, eso era una de las cosas que mejor funcionaban en nuestra relación, la posibilidad de que yo le dijera: "mira, que me gusta alguien más", o que ella me dijera lo mismo, o que pudiéramos tener los espacios en los que decirnos ese tipo de cosas. Sin embargo, algo complejo me pasa, porque yo terminé con esa persona. Y después de eso, sentí una cosa por ella que no sentía cuando estaba con ella en la relación, y me cuestiona mucho. ¿Será que está con alguien, será…? Pues eso no me importó cuando estábamos juntas. Que siento que igual esas estructuras de apropiación, opresión, de violencia y de celos que decías ahorita están muy presentes y si no se trabajan continuamente, reaparecen, como que están ahí –y de la nada.

–La gente piensa que ser poliamorosa es estar con varias personas a la vez, yo creo que el asunto es replantearse el amor libremente. Cambiar de raíz las relaciones es pensarme cómo dejo de sentir que la otra es propiedad mía, cómo quiero compartir con ella y cómo quiero construir con ella o esas otras. El problema no está en las relaciones múltiples, sino en la libertad que quiero en la construcción, y eso disminuye el drama: ¿cómo aprendes a amar libremente?

Los sentimientos y todas las emociones tienen una parte física y otra de interpretación. La parte física es inevitable, estamos condicionadas, no le puedes decir al cerebro: "deja de producir serotonina"... Eso lo vas a sentir en tu cuerpo cuando veas a tu compañera besándose, lo vas a sentir porque lo produces, entonces vas a tener que interpretarlo; y porque hemos aprendido que a ese sentimiento se le ha llamado celos, no es ni siquiera natural, porque nos enseñaron a celar. Si replanteamos los celos, a esa emoción que sentimos no le demos el nombre de celos, sino otra cosa como el placer. El placer de que mi compañera sea deseada por otra. En vez de restar, seguimos sumando. Evidentemente cada una tiene que hacer su trabajo.

—A ese sentimiento se le llama "compersión", llegar a sentir placer de saber que tu compañera está sintiendo placer con otra persona. Compersión, la manera de transformar el sentimiento. Si los celos son construidos culturalmente, entonces es posible deconstruirlos y resignificarlos: en vez de sentir dolor, sentir placer por el mismo hecho. Es cierto que los celos se instalan en el cuerpo. Lo primero que hay que hacer es detectar dónde me duele, dónde está instalado, dónde me pesa, y hacerse cargo una misma de ese dolor. No es culpa de la otra, mis celos no son responsabilidad de la otra. Es una carencia de interpretación y de entendimiento mío y yo tengo que resolver este asunto. Los celos los he generado yo y entonces qué hago yo con esto. Los trabajo y, si no puedo trabajar sola, voy a terapia o pido ayuda, o procuro un grupo entre colegas para trabajar emociones. Pero, en principio, cada una debe asumir el problema de por qué siente celos.

—Yo hace seis años que apuesto por esta relación poliamorosa y he sobrevivido. Ha sido difícil. El poliamor no está escrito, se construye día a día porque todas las relaciones no son iguales. Sólo pido sinceridad y es muy difícil de lograr. Hemos tenido varias relaciones, ella es mi compañera actual. Llevamos cuatro años y medio y hemos tenido varias construcciones poliamorosas con diferentes personas. Y en buena medida, se trata de que la que llega entienda esa construcción poliamorosa y de confianza de las dos. Que la persona se adhiera o que construya es complejo. Y otra parte muy compleja también es cómo mira la sociedad de afuera. Es una construcción de día a día por la que todas seguimos apostando. No sabemos si llamarlo poliamor, pero sí es una amor diferente.

Vivimos con una chica más de tres meses pero venía los fines de semana. Se quedaba con nosotras; podría estar con ella, podría estar conmigo, o las tres. Todavía conservamos muchas relaciones. A todas las amo, de manera diferente, pero las amo. Yo puedo decir que las amo todavía. A todas las chicas que han pasado por mi vida. Pero este último año ha sido muy duro, de mucho aprendizaje. Porque llegaron otras chicas que vienen con otras cargas históricas pesadas. También es como algo de sinergia. Las cosas terminan afectándote con el asunto de la propiedad. Mi compañera nunca me dice: "tú eres mía". Hay que dedicarle un tiempo a la relación para que sea algo estable. Yo busco una relación donde podamos salir con otras personas, porque para nadie es un secreto que una se termina cansando de muchas cosas, necesitas un respiro, oxígeno en la relación. Que llegue otra chica y que le diga a una que eso no es así, puede ser agotador. Eso nos afectó un poco a las dos y nos cuestionábamos lo que iba a pasar con estas chicas. Éramos las expertas y las referentes pero nada está escrito. Finalmente, apostamos a estar siempre las dos, construyendo. Buscamos que otras personas vengan a aportarnos, vamos a aportar y a construir, hay cosas que una debe aprender a deconstruir y que quien llega a la vida de una, también desconstruya, porque si no, no se puede, porque es complejo en cuanto al drama.

P. ¿Y ustedes tienen la opción abierta de que se sumen formalmente a vuestra relación una tercera o cuarta que no sea transitoria?

–Puede ser difícil, porque la otra persona viene con unas prácticas muy pesadas. A mí personalmente la última chica con la que estuve tenía 12 años más que yo, se estaba descubriendo como mujer lesbiana. Tenía un hijo y quería que yo siempre fuera la pareja principal y privada de ella y no duró seis meses y acá estoy. Esa fue una experiencia muy fuerte que yo viví y otras han sido más pasajeras, más de que nos vemos el fin de semana y salimos las tres y hablamos.

–Eso del enamoramiento me resulta bien complejo también porque por ejemplo, cuando platico de mis experiencias o la construcción que estoy teniendo, muchas veces me han preguntado: ¿qué va a pasar cuando te enamores de verdad? Ven que este tipo de construcciones no tiene valor, es como que transitas mientras estás esperando el amor. Tal vez tendríamos que deconstruirnos en lo que entendemos por amor y enamoramiento. Lo que comento a las personas cuando me preguntan si estoy enamorada es que siento enamoramiento con las personas con las que estoy compartiendo, si no, no estaría compartiendo. Me he puesto a pensar que a mí lo que me puede mucho es el exterior. Yo, adentro con las personas con las que estoy compartiendo, soy feliz y me siento contenta y viva. Pero cuando te llega de afuera –cuando yo estoy feliz, estoy bien, no tengo por qué dar explicaciones al mundo de cómo estoy viviendo–, empiezan a dar todos sus puntos de vista y terminas contaminadísima. Pero si estuve totalmente contenta antes de hablar contigo. Mis relaciones eran totalmente funcionales antes de esconderlo. Entonces también he escogido nunca hablar.

–Creo que una de las apuestas son los acuerdos conscientes. Ser sinceras desde un principio y tener acuerdos mutuos. No porque quiero estar contigo, acepto o me sumo a tu poliamorosidad, al final eso no resulta. Cuando llega otra persona te das cuenta de que efectivamente no fuiste sincera y eso daña la relación. Entonces una de las claves por la que yo he apostado son unos acuerdos conscientes. Acordamos cómo va a ser nuestra relación poliamorosa. Yo voy a estar con otras personas, tú decides si te lo cuento o no. Puedes decir no, no tengo que saber que pasó, por ejemplo, y es un acuerdo. También entender que el amor es sinónimo de posesividad. Yo entendí que el amor es amplio. En Bogotá hemos construido una colectiva de mujeres gordas, lesbianas y las amo, realmente las amo. No tenemos que hacer el amor, el amor no es sólo la materialización sexual, sino el ejercicio del amor todos los días con todas las personas que tienen algo en común.

–Tampoco hay reglas establecidas y los acuerdos son mutuos e incluso pueden cambiar y variar pronto. No hay acuerdos para toda la vida, de sangre. Justamente de lo que se trata es de salir de la normatividad patriarcal y también de cuidar que los acuerdos no terminen institucionalizando la relación –tal como funciona el amor romántico–. Los acuerdos pueden cambiar y modificarse todas las veces que se requiera. Hay parejas que dicen: "yo no quiero saber nada; mientras no vea, no siento". Y, pues, está en el entendido de que cada una hace lo que quiere. Y habrá quienes dicen: "es primordial la confianza, todo lo hablamos y discutimos". También debemos ser muy perceptivas y cuidadosas con las involucradas en una política del cuidado mutuo y ser conscientes de cómo las reglas que pretenden salir de la normatividad del amor romántico pueden ser otra forma de control, como el vaciamiento: todo, todo lo tengo que decir o no me dijiste qué piensas, no me dijiste qué hiciste. Hay que tener mucha paciencia y criterio muy amplio porque en los controles se cuela la presencia del Estado en nuestras relaciones. Ser muy consciente de cómo esa presencia del Estado termina finalmente normativizándonos y el asunto es este: ¿cómo sacar el Estado de la cama y de las relaciones y hacer cosas más libres y experimentales? Entrar a la experimentación.

P. ¿Qué es la ética del cuidado?

–Una ética del cuidado puede ser, por ejemplo, hacer sexo seguro. Quiero tener la seguridad de que, si es una relación abierta, vas a tener otras relaciones que puedes decírmelo o no, depende de los códigos, pero que nuestra salud está a salvo y que la salud de las demás compañeras que se involucran también va a estar a salvo. Ser muy conscientes que lo que hacemos afecta en términos emocionales a las demás y hay que tener ciertos cuidados. El diálogo también es parte de la ética del cuidado, sea que no voy a decir tooodo o que sí hay que decirlo o cómo lo abordamos, abriendo siempre la asamblea.

–El poliamor tiene costos… no sólo el social. Necesitas una fortaleza, cierta preparación física y emocional. Emocionalmente te cargas, puedes llegar a estar muy cansada o sentir desgaste si no lo sabes manejar o no estás preparada. Tienes que tener mucha energía, tienes que alimentarte muy bien, responder emocionalmente en todos los ámbitos y en todas las relaciones.

–Es importante saber poner límites. Ser muy consciente de las limitaciones que una tiene, tiempo, en salud, en disponibilidad... Primero está una. Es importante poner límites. Una relación te implica dedicación, tiempo, dos o más relaciones son más demandas de cualquier tipo, de atención, de cuidados, de amorosidad. Es muy rico pero los límites personales son tangibles y es importante ser consciente de eso, qué se puede ofrecer, cuánto, cómo, en qué circunstancias, tiempos, etc., porque es muy importante estar con una misma y no perdernos en otra o múltiples relaciones. Es importante desmitificar el prurito de la sexualidad. Que si la otra está cogiendo con otra... Lo que hay que hacer es resignificar justamente estas posibilidades de placer sexual. Es decir, su cuerpo no me pertenece, su placer no me pertenece y si ella está disfrutando y ella está gozando, yo soy feliz de que ella goce y disfrute. Hay que darle la vuelta al sentido del placer para salir de ese azote aprendido.

–Con la familia, por ejemplo. Pasa mucho asumir una posición política sobre el poliamor y chocar con la familia. A mí me ha pasado que mi madre me dice: ¿usted en qué anda?, sea juiciosa porque usted ya está grande, porque tus hermanos te miran. Pero también es una invitación a la reflexión de esas personas que te están enjuiciando, diciendo esas cosas. ¿Me estás preguntando por qué? Yo te explico todo el cuento y de pronto lo estoy llevando a otros lados, lo estoy transmitiendo.

–Quería comentar lo que se dijo de las jerarquías. A mí me parece que no tendrían que existir, pero sí que hay. Una compañera hizo un laboratorio. Hizo una entrevista con compas que está compartiendo. Entonces una de esas compas de mi compa respondió la entrevista, para mí fue muy sorprendente porque ella se asumió como una pareja principal, como que jerárquicamente tenía más valor. No me molestó, sólo me sorprendió, porque yo asumí que la jerarquía no existe y que el concepto de pareja tampoco. Y, ¡toma, claro que hay parejas! Una también se tiene que hacer la reflexión.

–Sobre este asunto, creo que es muy cuestionador, porque las relaciones se van construyendo y habrá distintas formas de relación. La relación abierta, por ejemplo, cuando algunas compas se asumen como una pareja estable donde otras se suman o salen cuando no se acomodan a esa forma. Habrá otras, por ejemplo, que se conforman como triejas y viven como si fueran pareja nada más y la relación es absolutamente cerrada. Hay una suerte de fidelidad entre las tres (o en las cuatriejas), y pueden tener acuerdos internos o acuerdos incluso entre dos o entre tres. Si bien la relación abierta, el poliamor o contra-amor cuestionan y buscan otras formas de construir las relaciones o la deconstrucción del amor y, efectivamente, cuestionan el concepto de pareja, las jerarquías y muchas otras cosas, asumimos que esto es un laboratorio. Pero en este laboratorio las construcciones también tienen tiempos. Habrá quienes lo quieran asumir rompiendo toda normatividad total y absoluta, si es que esto es posible, o quienes quieran ir experimentando desde ciertos lugares y ciertas formas. Entonces no hay nada dicho y los cuestionamientos aportan, se valen y sirven para replantear y repensar las relaciones. También hay ciertos límites: los límites del tiempo, los límites de la dedicación, los límites de los deseos. Hay que tener en cuenta los límites y los acuerdos de lo que humanamente se puede lograr.

–Yo tengo una relación con alguien que tiene otras relaciones. Es una relación en la distancia, pues también ahí juega mucho por una parte el confort de cuando nos vemos, y ahí establezco la relación que yo quiero tener con esta mujer y, también pues, a sabiendas de que hay una sinceridad y de que hay otras dos personas involucradas. A veces me pregunto si es un confort que no me preocupa, porque efectivamente sé que está con otras mujeres, pero la lejanía no me hace cuestionar ni tan siquiera la posibilidad del privilegio ni de la primera, ni de la segunda, ni de la tercera. No sé, en una jerarquía así no sé cómo me pondría. Me sitúo en esa confortabilidad, porque no me puedo cuestionar ni construir otras cosas. Ella está en este continente y yo estoy en el otro, así que las conversaciones por Skype son incluso difíciles de mantener por la diferencia horaria. A mí lo que me llama la atención de toda esta cuestión es la política que se le pone a las relaciones. Yo creo que el lesbianismo es una apuesta política y, en ese sentido, todo lo que construyamos diferente a lo que se establece son caminos nuevos para construir. Por ejemplo, yo pertenecía a un colectivo de lesbianas que duró en su tiempo 30 años de militancia en el otro lado, y una de las cuestiones que trabajamos desde el principio fue la cuestión de los celos. A mí me parece superimportante el desprenderse de eso. Si te desprendes de los celos, es de los amistosos también –no solamente tienen que ser amorosos.

En el amor, además, tú puedes sentir amor por un montón de cosas y por un montón de mujeres. El componente de la cama es lo que diferencia a veces. Me pregunto: ¿la escala del amor va un poco más allá? Pero también me cuestiono la historia de los apegos: ¿cómo se construyen los apegos en este sentido de la propiedad o no? Para mí, hay apegos que son salvables, otros que hay que deconstruir. Hay una cuestión que siempre me pregunto. Tú tienes una buena amiga a la que quieres mucho, compartes, y hay una confianza terrible con ella. Y una noche, pues, porque estás tomada, o porque estás fumada o lo que sea, o porque simplemente te sientes bien, te abrazas y eso sigue, sigue, sigue, hasta que coges, y ya hay un chip ahí que cambia la relación. ¿Por qué si al final es una cuestión de sexo y ya está? Entonces a mí siempre eso me ronda la cabeza, de por qué ahí. ¿Qué es lo que sentimos o qué es lo que significa el sexo que rompe esa confianza que antes había? No es que se modifique, es que hay un clac ahí que no...

–Sí, a propósito de eso de poner las insignias, ¿por qué con la cama cambias? Finalmente, eso determina un montón de drama. A mí me pasó, el tema de imaginármela así follando no, no era... y aquí estoy salvada, no eran celos. Me di cuenta de que lo que me afectaba era que ella compartiera intimidades, que le contara cosas, o que hiciera ciertos ritos que yo pensé que sólo tenía que hacer conmigo. Por ejemplo, a ella le pasa sólo con el sexo, no importa que yo esté toda la noche conversando de toda mi vida, cosas que nunca le he contado a ella, eso a ella no le importa, le importa que yo no me acueste con la otra persona, pero para ella lo del sexo entiendo que es sólo sexo. Apareció un montón de mierda. También eso que todo el mundo entiende que es sólo sexo, que si decide acostarse con otra persona y no se incluya, eso es otro apego.

–Yo creo que pasa por cómo las lesbianas construimos el ámbito del deseo, el placer y la libertad. Me doy cuenta de que somos muy conservadoras. Cuando nos acostamos con alguien, de inmediato entablamos esta relación casi obligatoria de que ya te acostaste con alguien y automáticamente es tu novia, y nunca se conversó y nunca se preguntó y ya está como un código establecido y asumes que ya hay una relación de por medio. Pasa por cómo concebimos este asunto de las relaciones casuales, por ejemplo. ¿Qué tiene el sexo que le atribuimos necesariamente algún tipo de obligatoriedad? ¿Qué expectativas cargamos al sexo que nos tocan los apegos?

–Pero esto pasa porque tenemos ese imaginario masculino, como el chico que va y se acuesta con alguien y después no le importa. Una dice: no, no, una no puede ser así. Parece que la otra como que se involucra contigo, pero no puede ser así….

–Ahí tenemos que reconstruir la libertad del placer, no necesariamente el placer nos tiene que llevar a compromisos ni deberes, pero tampoco tiene que estar fuera de la emocionalidad. Entonces yo creo que ahí tenemos que reconstruir nuestros conceptos del placer y la sexualidad lésbica fuera del Estado, de la norma.

P. Yo tengo sólo una pregunta, ¿cuál es la propuesta política que tienen? Me queda claro que hay muchísimas formas de acordar, pero en el matrimonio se casan y lo que hay es acceso a los derechos de seguridad médica, asistencia, derechos. Entonces ¿cómo acuerdan? Porque no tengo esa experiencia. ¿Cómo acuerdan, por ejemplo, en poliamor las cuestiones materiales, económicas, en caso de que termine, en caso de que alguien fallezca?

–No sé si de pronto será respuesta, pero es algo como muy personal que he aprendido y es que las vainas patrimoniales hay que sacarlas de las relaciones. Es decir, que tú te unas con una persona no implica que tienes que dar todo lo material a esa persona, porque el amor no es eterno, no sabes qué va a pasar mañana, entonces pasa que se acaba la relación y hay un feo por las cosas materiales. Entonces he aprendido que, independientemente con quién tú estés, sea una relación poliamorosa, sea una relación abierta, sea una relación endogámica, creo que debemos empezar a pensar que la construcción material puede ser individual.

—Pero sí hay posibilidad, hay una figura que existe acá en Colombia, es de la unión marital. De hecho, te puedes registrar. Si estás conviviendo con tres personas, pues no sé... yo creo que se puede, o sea, firmas en una notaría que convives con las otras personas, y que tu patrimonio también se puede ver afectado por eso.

—Claro, pero pienso que por lo patrimonial es por donde se recibe un montón de violencia, porque es clásico el "yo puse más", o sea, siempre una tiene más dinero que la otra, o hay momentos en que una tiene trabajo y la otra no, es decir, es imposible que la cosa esté así. Además para todo lo otro, hay trabajos no valorados: ¿qué pasa si tú estás estudiando, yo estoy trabajando, pero tú haces las cosas de la casa? No sé, ¿cómo todas esas cosas... cómo puedes valorar eso? No sé.

—La propuesta del poliamor o contra-amor es una propuesta anarquista, fuera del Estado, "sin Estado, ni marido, ni iglesia, ni partido". Y en ese sentido nos toca replantearnos todo. Partimos del cuestionamiento a la propiedad privada sobre las personas y, pues, también tiene que haber un cuestionamiento a la propiedad privada de los materiales, los hijos o lo que sea, y hacer acuerdos fuera del Estado, hacer construcciones éticas alternativas para no entramparnos en las normatividades de ese Estado controlador y represor —que hecha la ley, hecha la trampa y, al fin y al cabo, termina ligándonos a instituciones de control social como el matrimonio, la familia, la herencia—. El Estado en algún momento se va a dar cuenta de que es mejor regular estas relaciones que no regularlas, y va a aceptar el matrimonio para tres, o para cuatro, o para cinco y, en fin... Entonces lo que estamos tratando es de sacudirnos las instituciones patriarcales que normativizan para regular ideológica, económica, social y políticamente. Entonces ¿cómo construimos nuestra libertad, que no es una libertad controlada, ni una *libertad administrada ni por el Estado ni por las personas*?

–Ahora tenemos trabajo, todavía podemos trabajar. ¿Qué va a pasar con nosotras cuando estemos viejitas y por cuestiones físicas o de edad, o de enfermedad, cuando no tengamos las condiciones de estar juntas y solventamos nuestras necesidades por alguna razón? ¿Qué va a pasar? Nuestras familias… Mi familia seguramente me va a apoyar y a darme, a sostenerme o lo que sea, y lo mismo la de Jeni, pero no a las dos. Entonces vamos a pensarnos si nosotras vamos a... Pero ¿qué va a pasar cuando seamos viejitas y queramos estar juntas? Si nosotras no nos garantizamos las condiciones de estar juntas, no lo vamos a poder hacer. Ésa es una preocupación que no podemos dejar al Estado, el Estado no me va a dar otra opción. Empieza a tener una esas preocupaciones. Pero, claro, no sabes en qué condiciones vas a llegar.

–Pues, efectivamente, esas preocupaciones salen porque está librado al derecho individual y porque no tenemos una concepción colectiva del derecho. Entonces cada una tiene que hacerse responsable de sí misma, y ante el desamparo de estar sola, pues está el Estado. Vamos corriendo con el Estado, con papá Estado, para que nos resuelva el asunto, y nos pase la factura en lo político, lo ideológico o lo económico, porque no hemos sido capaces de generar opciones colectivas, sino de quedarnos siempre como en la opción individual, de yo, mi patrimonio y mi herencia. Entonces, ahí también, tenemos el reto de cómo construimos alternativas colectivas para un futuro no muy lejano.

–En México hay una experiencia de una comuna de lesbianas que compraron un terreno para construir, y han hecho todo un diseño arquitectónico para una casa comunal en medio, que ya la tienen construida y para que cada una construya su cabañita, pequeñita, sin pensar ni siquiera en ámbitos sociales en la cabaña, porque hay una casa comunal en medio, para el futuro.

−La deconstrucción de los espacios cotidianos es muy fuerte, porque nos encontramos con distintas trampas, tenemos el patriarcado inscrito en nuestro cuerpo, en nuestro modelo de vida. A mí me ha pasado que he estado en situaciones poliamorosas, pero he sido condescendiente en el tema de la propiedad privada. Hay distintas trampas que van saliendo a medida que las relaciones se van haciendo más intensas, porque siempre es distinto ser poliamorosa con relaciones más fugaces, que pasan, a cuando una se abre.

−La verdad es que sí que tenemos contradicciones en estas historias. Yo soy una mujer que tengo amigas que tienen relaciones de 20 años, de 15 años, pero a mí no me duran y no sé por qué. Y yo pienso que es eso, que funcionamos con el patrón que tenemos, luego te replanteas y dices: "yo tengo otra forma de pensar". Y llegan los deseos por otras partes y sigues cuestionando si lo haré bien, si no lo haré. La gente que vive a tu alrededor te dice: "es que no está bien, porque te sales un poco de la norma, eres un poco rarilla". Pero eso no implica que tenga mis contradicciones, que si no sé si lo hago bien, si lo dejaré de hacer, si lo repetiré, porque lo repites y vuelves a caer. Intentas a veces, tienes que venir a lugares como éste, como para reforzarte y tranquilizarte de lo rara que eres.

−Supongo que las que han tenido experiencias poliamorosas, también las han vivido bastante en la soledad, en el aislamiento, porque no es fácil en una sociedad heterosexual y monogámica por mandato ejercer el poliamor o el contra-amor. Y entonces se ejerce de manera clandestina, quizás incluso en la mentira, en esta doble moral que también cuestionamos. Y, en tanto no hay referentes, nos toca en cuerpo propio experimentar. Pero lo rico es cómo estas posibilidades del diálogo y socialización de las experiencias nos alimentan. Lo interesante es generar estas dinámicas colectivas y sociales que nos alimentan y no nos hagan sentir que estamos en la absoluta soledad. Y de hecho, incluso cuando una quiere experimentar, a veces es difícil encontrar con quién, porque el mandato de la monogamia es muy fuerte y, entre las lesbianas, el asunto de la búsqueda de la pareja ideal y el matrimonio para toda la vida es incluso más fuerte que en el ámbito heterosexual.

–Cuando dices que eres poliamorosa, pues, salen corriendo.

–Se asustan.

–Es que era por eso por lo que yo preguntaba que cómo incluyen a la tercera.

–Como parte del control social te dicen que lo que estás haciendo es más bien putería, que la estás justificando con un ámbito teórico. Y quizás sí, también se vale reflexionar y hacer desde cuestionamientos críticos para tener el ejercicio libre de nuestra sexualidad, no veo por qué tenga que estar reñida.

–El cuerpo termina siendo solo de una persona y hay tantas cosas en la mente que hay que vivir, no solamente sexualmente, sino tu experiencia como mujer, lo que tú sabes, lo que tú tienes en conocimiento, tus habilidades, entonces yo pierdo eso porque decidí estar toda la vida contigo, y ya no puedo moverme de allí, no más. Entonces termino en una camisa de fuerza cuando, finalmente, todavía tienes muchas pilas para vivir. Todo el rato estamos queriendo aprender, aprender.

–Yo estoy en un conflicto grave. Bueno, una decide, a una le gusta, pero ¿qué pasa cuando los sentimientos fluyen? Qué sé yo, me siento enamorada de una, conozco a otra persona, me enamora, me enamoro de otra, o qué sé yo, viene mi ex y la otra ex, estoy en abierto y con todas las ex. Bueno, cuando están los sentimientos, estoy con una y extraño a la otra y a la otra, y estoy con la otra y extraño a la otra, a la otra.

–Júntalas, júntalas a todas.

–Nada me llena, que no me llena nada, entonces, bueno… voy a estar sólo con una, a ver qué pasa. Cuando hay sentimientos y en verdad se está queriendo, se está amando a esas personas. Entonces al final termino haciendo daño porque si no están de acuerdo, si eso es un conflicto con una misma, que yo siento que no me estoy llenando con nadie. Estás con 5, con 10 y no me llena, por eso es la necesidad de estar con más personas, porque no me están llenando, ¿qué pasa con eso?

–Un mito del amor romántico es que el amor te llena, que el amor te da la completud, que sin el amor no eres nadie, y de lo que se trata es justamente de romper o deconstruir esos marcos del amor dependiente, que sin él no eres nadie, estás anulada. Y el asunto es cómo asumirte con tus propias carencias, y ser consciente de que el amor no va a resolver tus carencias, ni con una o dos, ni tres, ni cuatro, ni cinco. Es decir, tus carencias las tienes que resolver tú, y ya, fuera de las carencias, es que recién puedes empezar a construir independientemente del número con el que quieras construir, pero el amor no te resuelve las carencias ni te da completud. Y, más bien, tendríamos que hacer ejercicios permanentes de desapego. Ello implica que vivas contigo misma, y que no tienes que tener este sentimiento de dependencia emocional, afectiva, de que la otra persona tiene que satisfacerla. Los conflictos que producen los celos están basados justamente en las carencias por un otro y ahí se engancha el asunto de la emocionalidad, entonces no puedo permitir no ser el centro de tu universo, debo ser yo y yo y solo yo en tu vida, nadie más.

–Es todo ese rollo de la media naranja, necesitas una media naranja para ser completa, completa.

–Si me ocurre una cosa así, y resulta que la otra no está de acuerdo y que haces daño, entonces te acusan que eres machista, patriarcal. La relación monógama también implica daño, porque esa cosa de decir "me haces daño" es victimista. ¿Dónde encontrar ese espacio como este, que una sienta la libertad de decir sin juicio? Porque yo no lo termino hablando como la pareja o la amante, o la novia, y eso no sé cómo llamarlo. Pero no sé cómo llegar a un espacio más horizontal donde una pueda analizar las conductas, o compartirlas, que no sea cada dos años en un encuentro.

–Pues lo ideal sería que tuviéramos grupos de reflexión, de autoconciencia, de referente cercano. Si no es posible, pues están las redes, y si no es posible, yo creo que justamente con quienes estás construyendo eso, con la pareja, con las amantes, con las amigas, armar, entrar en este diálogo permanente.

–El poliamor y el contra-amor son como una condición de política pero nos olvidamos de la emoción. Yo vivía en una perpetua culpa que luego llegué a deconstruir. Dije: a ver, ¿por qué estoy sintiendo culpa?, ¿qué estoy haciendo que moralmente es un juicio de valor para mí que, además, ni siquiera se lo aplico a las demás, eso es solamente algo para mí? Entonces ya logré eso. La culpa ha sido el control, nos han controlado nuestros afectos en cómo nos relacionamos. Con el contra-amor podemos construir sin culpa de que estoy queriendo ¡a mis siete ex! Y otra cosa es lo que comentabas tú hace rato de que estás con una relación y tu novia es como muy cerrada y que tal vez jamás podrías decirlo bien. Pero ¿tú se lo has preguntado o sólo estás asumiendo que ella jamás lo aceptaría?

–Ella sabe perfectamente cómo soy, pero como te digo, jamás aceptaría. Lo hemos hablado, y te digo que no le he planteado la posibilidad de estar con otra persona, jamás, sino que lo hago poco a poco, no sé, lo de írselo planteando de una manera diferente, que las personas no somos exclusivas de nadie, que podemos andar ahí libres por la vida y eso.

–Yo pensaba lo mismo, yo tuve una relación como muy monogámica y desastrosa. Al final terminamos, luego empezamos a regresar y a ir diciendo, a encaretar, le expliqué esta nueva deconstrucción que estábamos haciendo. Yo pensé que iba a decir: "bueno, con permiso", y se iba a parar, a dar la vuelta y a decir: "no quiero volverte a ver", y me iba a largar copetada. No, no, fue como bueno, pues si ésa es la construcción, o sea, yo no tengo ni idea, ni idea, pues vamos, igual si ahora estamos muchísimo mejor, ¿por qué no abrir la posibilidad y vamos a ver qué pasa? O sea, jamás dijo: "sí, ya lo superé y ahora voy a ser poliamorosa". No, pero fue como bueno, pues vamos a ver qué pasa: "no tengo ni pinche idea, pero vamos a ver qué pasa". Y mira que yo ahora me llevo muchísimo mejor con ella que los tres años que tuve de relación monogámica. O sea, yo lo que estoy construyendo con ella es… no tenemos que matarnos; realmente, estamos hablando muchas cosas, muchas veces muy tranquis y bien.

–Sobre el tema de los acuerdos, ¿por qué cuando estás haciendo un experimento llegas a acuerdos con base en algo que no has vivido? Es como la cosa teórica: que cuando vaya a pasar esto, yo voy a hacer esto, y resulta que esto pasa y no se puede... Hay algo que no te permite cumplirlo, porque no podemos manejar la situación, porque no sabes cómo hacerlo, por miles de muchas razones, puedes estar en la situación de no poder cumplir el acuerdo. Y eso me hace reflexionar también sobre cómo los acuerdos se convierten en una institución. Y no sé cómo se negocia el cambio del acuerdo, porque en el momento en que estás viviendo las cosas puede que no seas capaz de cumplir el acuerdo.

–Los acuerdos pueden cambiar con las circunstancias, y entonces no te ahorcas ni te ahogas por tener que cumplir el acuerdo. Y el asunto es: ¿cuán normativizadas estamos, y cuán normativizadas nos vivimos?

–Claro, porque lo que pasa es que el acuerdo es como una cosa a la que se apela, "pero es que nosotras teníamos un acuerdo", y el acuerdo era una cosa muy importante, se rompió el acuerdo. Y entonces, bueno, nos relajamos en el término de que se rompe el acuerdo: ¿cómo renegociamos el acuerdo? Que la ruptura del acuerdo no sea tragedia, entender que somos humanas que no siempre podemos mantenernos férreas a un acuerdo.

–Siempre hay que ser disidentes, incluso del acuerdo.

–Los acuerdos hay que replantearlos, porque la realidad cambia.

–Ese puede ser el primer acuerdo: los acuerdos se van replanteando. Por eso tienen que ser unos acuerdos muy conscientes, porque si no la pagas cara por el camino. Acuerdos, teniendo en cuenta lo falibles que podemos ser con ellos. Tienen que ser acuerdos muy conscientes de saber que cuando pasan las cosas tú tienes la posibilidad de hacer la evaluación del acuerdo y decir: "cambiemos esto", "sigamos", "paremos", porque también es respetable.

–Tenemos que cerrar el taller, porque se nos acabó el tiempo pero no los contenidos. Las invito a un cierre colectivo amoroso, un ritual para enlazar nuestros compromisos de ruptura y transformación.

12. Colectiva La Casa

Entrevista con marian pessah

Este texto surge de una entrevista que nos hace Norma Mogrovejo a Clarisse y a mí, en su paso por Porto Alegre en 2014. Ella nos lo reenvía digitalizado y a partir de lo que fuera una charla entre amigas, escribo y reescribo estas líneas.

Con Clarisse estuvimos juntas durante 10 años, todo ese tiempo fue una relación abierta. Hoy, separadas hace un año y medio, seguimos viviendo juntas en diferentes espacios de la casa. Entendemos que separamos el amor de pareja del amor profundo que nos tenemos. Como nunca tuvimos una relación convencional, nuestra "separación" tampoco podría serlo aunque mucha gente con pensamientos normativos no nos entienda. Una vez más.

Muchas veces recibo mails de personas que me hacen preguntas tipo "consultora sentimental" sobre el tema de la Ruptura de la Monogamia Obligatoria (RMO). Pero a mí, lo que me interesa, es el debate, no tengo ningún tipo de respuestas y sí un montón de preguntas. Es más, me siento en tránsito permanente con este tema, creo que conversándolo colectivamente es que se destruye la imposición y se construye el deseo de una sociedad soñada. A finales del 2004 cuando fue el Encuentro Lésbico Feminista de América Latina y el Caribe (Elflac), en México, propusimos un taller con Ochy Curiel, en el cual, una de las ideas era transversalizar las diferencias por las que pasamos en nuestras relaciones: por raza, diferencias de edad, tipos de cuerpos, diferentes orígenes y mil cosas más.

Uno de los grandes temas es el de los códigos y los acuerdos, estar expresada. Para mí eso es fundamental, que cada una sepa, siempre, en qué lugar está. Esa va a ser la diferencia entre una relación subversiva, amorosa rupturista, o la continuación del patriarcado en nuestras acciones y nuestros cuerpos. Con Clari siempre fuimos haciendo acuerdos muy nítidos, que no siempre nos fue fácil, pero eran nuestros y como tales, los podíamos rearmar, resignificar, siempre en charlas permanentes. La prueba es que hoy, después de 10 hermosos años, nos separamos y seguimos viviendo juntas, en una comunidad amorosa.

P. ¿Cómo plantean los acuerdos de cuidados? ¿Cuáles son?

R. Cuando nosotras nos conocimos, yo nunca había vivido la experiencia de las relaciones abiertas y me sentía cansada de todo lo que ya conocía. Clari, feminista de los años 70, ya lo había vivenciado en otra época y le habían quedado ganas de seguir viviéndolo y, por circunstancias con las personas con quienes había estado, no se había dado. Nos encontramos en un momento motivador, muy político y fue superlindo. Yo andaba preguntándome hacia quién era la fidelidad, si a la relación, a la pareja, a mí, a mis sentimientos, a mis fantasías, a quién una le es o le deja de ser fiel. Cuando yo tuve relaciones cerradas, fui fiel al acuerdo, pero en mis fantasías nadie se mete. Parafraseando la frase feminista que mi cuerpo es mío, mi cabeza es mía también.

En un primer momento, como en la época yo viajaba mucho como activista lesbo-feminista, dijimos que tendríamos relaciones fuera de Porto Alegre, pero cuando volvía se acababa. Pensemos que este acuerdo fue hecho en un momento en el que casi no teníamos referencias, hablamos del año 2004.

Empezamos así, de a poquito, como se va dibujando un proyecto, acomodándolo a nuestras necesidades. Entonces la idea era que afuera sí, pero cuando volvía se cortaba la otra historia, y ¿cómo haces para ponerle un fin artificialmente? Sucedió una vez que volví a casa, y seguía pensando en la chica con la que había estado. Yo estaba superangustiada, quería hablarlo con Clari, y a la vez tenía miedo que se acabara nuestra relación, pero no le quería mentir. Estábamos en el supermercado, yo medio callada, y ella sacó el asunto. ¡En medio del yogurt, la leche y las castañas! ¡No, vamos afuera y lo charlamos bien, mis piernas temblaban, te juro! Y ella su estilo tan… dulce, siempre tan amorosa, lo charlamos y rearmamos nuestros códigos, frente a las nuevas necesidades. Lloramos, nos abrazamos y nos reímos.

A lo largo de los 10 años, siempre estuvimos comunicadas cuando otras mujeres nos despertaban intereses. La posibilidad de poder perderla, de no saberla "hasta que la muerte nos separe", para mí lo hacía más desafiador. Imaginaba que un día ella podría decirme *bueno, estuvo bien, pero yo ya no quiero más*. Cada situación era nueva. No era fácil, después de tres, cuatro, cinco, siete años, igual llorábamos, igual charlábamos mucho y no es que *ah, bueno, ok, ya la tengo reclara, ya pasó, ya estamos más allá de todo y de todas*. No, nunca estuvimos más allá, nunca hubo un ya pasó.

P. Cuando el acuerdo eran relaciones abiertas sólo fuera de Porto Alegre, y al regreso esa relación debía terminar, ¿cómo se trabajan la ética de los cuidados para evitar que se convierta en relaciones de poder? ¿Cómo evitaban que el fin de esa relación lastimara a la otra persona o implicara un trato de jerarquía o de poder?

R. En realidad yo no lo planteaba así, cuando me pasó que volví y la historia continuaba, como te contaba, lo conversamos y rearmamos nuestro trato. Entonces con esa chica terminamos por la distancia, por diferencias, en fin, no porque yo estuviera con Clarisse. En general, la distancia para mí fue un problema. Tanto que los últimos años sí abrimos la posibilidad de Porto Alegre, una vez que fuimos entendiendo y aprendiendo varias cosas.

Cuando yo me dedicaba al activismo full-time, la distancia para mí era un tema en sí. De repente conocía a alguien en un espacio superpolitizado, como es un Encuentro, entonces nos pasábamos meses fanteaseando el reencuentro. Iban y venían e-mails. Y cuando finalmente llegaba el momento tan esperado, la sensación de encontrarme con "otra" persona era terrible. Evidentemente faltaba el marco político del Encuentro. Para mí fue muy doloroso. En una ocasión, cuando nos volvimos a ver con una chica, reconocimos que lo mejor hubiera sido dejar la historia en ese momento y lugar.

P. ¿Y qué cambió cuando se modificó el acuerdo, de que no sea nada más afuera y también pueda ser acá?

R. Fue difícil. Lindo por un lado, eso de reducir notablemente las esperas, poder encontrarte solamente a tomar un jugo sin que implique un viaje de 150 años de espera. Por otro lado, surgieron miedos, la presencia fuerte de la otra persona.

Hoy, ya a un año y medio separadas con Clarisse, estoy teniendo una nueva relación. En este momento, a ambas nos pasa que tenemos ganas de estar solo la una con la otra. Eso no significa que volvamos a la monogamia puesto que lo estamos eligiendo a consciencia. Es importante entender que la Ruptura de la Monogamia Obligatoria (RMO) es un pensar permanente, no una obligación de estar con varias personas simultáneamente. En el momento que se me imponga algo, la cosa deja de fluir y de ser en sí misma rupturista.

En el grupo Mujeres Rebeldes, en una época leímos textos del libro *Desobedientes* y los comentamos. Se dieron charlas súper interesantes. Una cosa que hablábamos es que cuando te posicionas desde un lugar de la RMO, significa que estás abierta a hablar y a visibilizar(te), a veces dentro de la monogamia hay mucha mentira, entonces se tapa todo. No es que no existan fantasías, que no se enamoren o encanten con otras personas, simplemente, que como el sistema judío-cristiano lo prohíbe, de eso simplemente, no se habla.

Una cosa que observábamos con Clarisse es que de las compañeras que pasaron por el grupo y que se interesaban en el tema, eran quienes tenían ya en su vida una práctica y una lucha más consciente y más radical, fueran lesbianas o heterosexuales. Compañeras del MST (Movimiento de Trabajadorxs rurales Sin Tierra y con tierra) se cuestionaban más que muchas compañeras de clase media y urbana. Decíamos que la revolución atrae otras revoluciones, otros cuestionamientos, otras acciones más revolucionarias.

P. ¿Cómo has vivido el final de tus otras relaciones? ¿Cómo han sido los términos de la propuesta de relación abierta o poliamorosa? ¿Has mantenido una relación de amistad con las que han sido tus novias, o ha habido transformación de la relación o ha terminado abruptamente, cómo se han dado esos procesos?

R. En general bien. Con algunas continuamos superamigas; con otras, nos vemos en encuentros o actividades y con otras no estamos en contacto.

En realidad nunca he pasado mucho tiempo con ninguna, entonces es como que tenía relaciones a la distancia, volviéndose ella más problemática que la situación no monogámica, entonces como que al final yo me iba enfriando.

Ahora mismo, estoy desde hace poco en una relación muy linda con una compa de Buenos Aires. Volviendo, desde otro lado, al desafío de las distancias. No siento necesidad ni ganas, en este momento, de estar con otras personas. Tampoco ella, pero ninguna de las dos impone nada a la otra. Ese es el punto. No digo, ni decimos que no estaremos nunca con nadie más, simplemente decimos, ahora, en este momento no lo deseamos y es muy válido. El tema, como decía antes de la RMO, es cuestionar el sistema. Que en este momento desee estar sólo con ella no quiere decir que me haya vuelto monógama y me parece importante resaltarlo.

Hablando de las jerarquías, estando en este sistema, no hay como no existir. Porque con quien vos mantenés un cotidiano, con quien compartís tu casa, dividís el dinero, las cuentas, los quehaceres domésticos. Cuando estás enferma y ella está a tu lado, o vos estás a su lado, ya es una jerarquía en sí. Diferente de con alguien que te encontrás una vez por semana o cada 10 días o una vez cada dos o tres meses un fin de semana. Hay una jerarquía "naturalizada", socializada en la relación y eso se reflejará también en las otras relaciones porque la arquitectura nos predetermina absolutamente. Si estás en una relación absolutamente descentrada, como es mi ideal de estar viviendo en una comunidad, imagino que estas jerarquías ya no tendrían lugar. Yo sueño con un lugar así donde cada una tenga su espacio propio, tipo un cuarto con un baño, el resto, todo colectivo. Ahí la solidaridad, las relaciones, es totalmente diferente desde su concepción. Y si me permites seguir soñando, sería un lugar superpolitizado, donde sería tan importante el estudio y la reflexión, como el tiempo que pasaríamos en la huerta o en la cocina, pues es ahí donde estaríamos elaborando y cocinando nuestras ideas.

¿Tendrían el mismo sentido los celos en un lugar donde la propiedad privada no funciona de la misma manera? En la comunidad donde la tierra es de todas, la casa es colectiva, no hay dueñxs, las personas tampoco tendríamos propiedad emocional, ¿no te parece? Es una cosa mucho más de raíz, mucho más descolonizada. Más nuestra. Entonces las relaciones de por sí serían construidas de forma diferente. Ojo, no digo que no habría conflicto, pues este es inherente a la vida, no sólo a la coyuntura, pero la vida y las relaciones fluirían de otra manera.

13. Ollin Kan... el eterno movimiento

Kitzia Montiel

> "El Afuera intenta construir polos de referencia consistentes que contengan la propuesta de una civilización distinta, basada en el respeto y no en el odio/ amor; en la independencia y no en la simbiosis; en la buena vida y no en el sacrificio; en el amor propio y en el respeto al otro/otra, en la libertad y no en la negociación; y lo más importante, en la horizontalidad y no en la dinámica del dominio y sus igualdades."
>
> MARGARITA PISANO

Las experiencias poliamorosas, contra-amorosas y/o el amor libre están presentes todo el tiempo, pero nadie las nombra; así, en el silencio, se garantiza su inexistencia. Y simplemente no quería seguir callando, quería respirar con naturalidad, no sentir una especie de opresión sistemática cuando todo se salía de control, no quería seguir negando esa atracción por otras mujeres. Quería seguir escapando al campo o a la playa sin sentir culpa por ser feliz lejos de la que era mi pareja; pero también quería seguir al lado de esa mujer con la que hasta ese entonces había compartido muchos años de mi vida, es cierto, pero para ello tenía que dejar de amar a todas, a todx lo demás. ¿Qué clase de amor te exige para su existencia el exterminio de todx lo otrx? La respuesta ahora resulta clara: "El amor romántico".

La forma rígida y poco flexible en cómo nos relacionamos, en cómo vamos colocando letreros a las personas que amamos (o al menos eso pensamos), con conceptos limitantes como: "mejor amiga", "hermana", "novia", "esposa", "compañera", "amor de la vida", "exnovia", etc., nos coarta, y me atrevería a decir que nos duele. Por supuesto, cada uno de estos letreritos tienen pesos sociales diferentes, porque es obvio que "el amor de tu vida" jamás pesará igual que el de tu "mejor amiga"; nos esmeramos categorizando nuestros discursos amorosos, y claro que el "amor" que no es "romántico", el amor no sexuado tiene todas las de perder, puesto que jamás podría tener el mismo valor con quien te relacionas sexualmente a con quien no, ya que con quien generamos un vínculo sexual podría finalizar en contratos, como el matrimonio, que afianza una vez más el sistema capitalista y de opresión en el que vivimos.

Fue ahí, desde el entendimiento del control disfrazado de "amor", que se propició la deconstrucción, las ganas de preguntarse y desobedecer, pieza clave de toda revolución. La idea era –y es– volver a hacer, crear discursos para sanar la herida a partir de la separación de todo lo que había sido. Porque una no es totalmente de una hasta que decide serlo, una es como te dicen que tienes que ser, qué más da si te relacionas erótica-afectivamente con mujeres, siempre es "entregarse en cuerpo y alma", es tener que ceder y quitar, siempre quitar. Incluso una decide por momentos jugar a lo "normal", a soñarse en la cima de un pastel, a coquetear con la idea del "y vivieron felices...", porque el "sueño rosa"[1] es una idea que ha sido tan bien instalada en nuestra mente y deseos, que se vuelve normal y recurrente, hasta que la incomodidad de vivir en una ficción te obliga a cuestionarte, a cuestionarlo todo; por supuesto que pensar en amar desde una perspectiva libre de apegos y, sobre todo, autónomo del poder que generamos cuando construimos afectos parece muy complicado, casi imposible en una sociedad donde las disposiciones amorosas parecen más una telenovela que una realidad.

Y bien, desde esta inconformidad una quiere volver a ser, una quiere vivir plenamente en *La fuzzy logic*,[2] pero ¿eso cómo se hace? No hay mucho en dónde apoyarse, muchos artículos, novelas, canciones o películas que hablen lejos de la monogamia, todo es en dos,

---

1   Nombro *sueño rosa* a toda la construcción heteronormativa del amor romántico.

2   "También llamada *lógica difusa*, es una lógica que propone que la lógica clásica de *lo verdadero o falso* no refleja la complejidad de la realidad". Fischer, Amalia. "Los complejos caminos de la autonomía", en: Feminismos disidentes en América Latina y el Caribe. *Nouvelles questions feministes* 244, N° 2, 2005.

el ying y el yang, el sol y la luna, hasta el 2x1 de cualquier tienda departamental. No es nada difícil encontrar a "policías románticxs"[3] en cada persona, que defiendan a capa y espada que lo único válido en esta vida es estar emparejadxs. Y la concepción de pareja conlleva no solo a un submundo lleno de pequeñas derrotas y grandes pérdidas de autonomía, lleva consigo la subordinación, la fusión de identidades.

Aunque no sabía a ciencia cierta que la respuesta se encontraba en otra forma de reconstrucción, encontré en esta especie de antiamor, una manera sana, pacífica y horizontal de militar políticamente ante el asfixiante y acosador sistema heteronormativo.

"Cuando lo bueno y lo malo son las únicas opciones, puedes creer que no puedes amar a más de una persona, o que no puedes querer de otras maneras, o que tienes una capacidad limitada para amar. Que 'muchos' debe de alguna manera ser lo opuesto a 'uno', o que tus únicas opciones son enamorarte o desenamorarte, sin permiso para diferentes grados o tipos de amor."[4] En mi experiencia, cuando hablo sobre poliamor/contra-amor, una serie de cuestionamientos aparecen en las otras personas. Supongo que se imaginan escenas sacadas de algún libro de Sade; mujeres, hombres, queers, trans, todxs fuera de control, comiéndose, fornicando unxs con otrxs, sin ninguna consideración por las otras personas, una suerte de robots sexualizados, cayendo en estigmatizaciones que provocan rechazo y violencia. Por supuesto, en seguida vienen un montón de reproches moralinos y preguntas ignorantes que cuestionan desde el morbo, evidentemente desde el *estatus quo*, desde la hegemonía heterosexual. En algunos casos, me esmero para tratar de explicar desde la experiencia que, si algo tiene el poliamor y el contra-amor son trabajos complejos, posturas éticas, la ética de la conciencia de quien le interesa no dañar.

---

3   Llamo *policías románticxs* a todas las personas, eventos, situaciones, lugares, que te cuestionan el porqué de no estar legítimamente emparejada.

4   Easton, Dossie y Hardy, Janet W., *Ética promiscua*, España, Melusina, 2013, 416 pp.

Me propuse repensar y nombrar al poliamor (el mío) en cuanto tomaba la palabra –por aquello de la visibilidad–, porque dicha propuesta cuestionadora me parece una buena alternativa de construcción. Decidí hacer el intento de comprender, de jugar con mis propias reglas, de hacerme de un laboratorio con muchos reactivos para poder experimentar. En mi laboratorio con ruedas, bastante improvisado, inseguro y sencillo, encontré tres ejes de acción: contra-amor/contramando, libertad/libertando, deconstrucción/deconstruyendo, propuestas funcionales para la disidencia que ayudan a la construcción de nuevas interacciones[5] amorosas, todas estas sostenidas y enmarcadas en la matriz más importante: la ética.

Contra-amor/Contramando

Dice la RAE que amor es: "Sentimiento intenso del ser humano que, partiendo de su propia insuficiencia, necesita y busca el encuentro y unión con otro ser."

Parece que tenemos que seguir agradeciendo a Platón y a la maquinaria mercadológica el mito del andrógino, darle palmaditas cariñosas en la espalda al amor heteronormado que nos procura (para la posteridad) la teoría de la insuficiencia, de la carencia, de la falta, de la necesidad. La única posibilidad de relacionarnos amorosamente desde la discapacidad emocional y en consecuencia la eterna responsabilidad del otrx para la construcción de la propia felicidad.

Me he preguntado con mis tubos de ensayo y mis pócimas incendiarias: ¿Qué pasaría si en vez de creer en el amor como una fuerza indomable y destructora, lo modificáramos por una conciencia contra-amorosa? ¿Qué pasaría si en vez de construirnos una teoría de la carencia, nos enfocamos en el compartir desde la libertad de querer, no desde el miedo de perder? ¿Qué pasaría si en vez de en-

---

5   Hablo de interacciones, porque el discurso amoroso tiende a categorizarse, su significado en los diferentes tipos de amores, lo cual resulta impositivo, excluyente y poco constructivo como cualquier definición de amor romántico.

focarnos en encontrar una sola pareja, empecinarnos en retenerla durante toda una vida, y armarlo todo desde la obligatoriedad, lo viviéramos desde la facilidad, entendida como la disposición para que los cariños sucedan a partir del compromiso y la audacia de responsabilizarnos para nombrar, diferenciar lo que queremos de lo que no, y así podamos decir que el amor vale la alegría y no la pena? ¿Qué pasaría si comenzáramos a vivir el amor desde un nuevo lugar, descubrir una epistemología propia, en vez de creer que es un ente con vida capaz hasta de matar? ¿No sería mejor inventarnos contra-amores a la medida, sin necesidad de retomar lo impuesto por la monogamia, no sería mejor ser amigas de nuestras cariñas, que ser la madre vigilante o el padre mordaz que quita libertades? El contra-amor no es igual a corrompernos por la otra, el contra-amor no es igual a perdernos y culpabilizar, el contra-amor es una práctica, no es un ideal al que tenemos que llegar, es la creación de un discurso propio que te aleje del sufrimiento, es el ser capaz de expresar que quieres y que vas a dar, es devolvernos la decisión de querer. El amor es eso que se inventó la RAE, las instituciones, nuestros padres y la maquinaria hollywoodense para someternos. La propuesta es: contramar, es darle la vuelta a todo lo que enajenadamente nos impusieron como amor y comenzar a separarse de las violencias que conlleva el querer sujetar al otrx.

Libertad/Libertando

> *Lo supe siempre. No hay nadie que aguante la libertad ajena; a nadie le gusta vivir con una persona libre. Si eres libre, ese es el precio que tienes que pagar: la soledad.*

CHAVELA VARGAS

Alicia H. Puleo escribió: "en el feminismo existencialista de Simone de Beauvoir, el ser humano no es una esencia fija, sino 'existencia', es decir 'proyecto', 'trascendencia', 'autonomía', 'libertad'"[6].

---

6   Puleo, Alicia H., "Naturaleza y libertad en el pensamiento de Simone de Beauvoir", https://revistas.ucm.es/index.php/INFE/article/viewFile/INFE0909110107A/7789.

La libertad por encima de cualquier vínculo con lx otrx, el movimiento como garantía de no exigencia, la libertad de ser, de existir, constituida como principio de decisión.

Los ideales de la institución del amor romántico llamado noviazgo y después matrimonio han logrado que se vuelva insoportable la vida en pareja, una especie de cadena perpetua, basta con echar un vistazo a la celebración en una boda, parece sorprendente que en plena iglesia, frente a una figura de un hombre con clavos en los brazos y pies, sufriente, agonizante y a punto de desplomarse, tus "amigos" más queridos te coloquen en el cuello "el lazo" para amarrarte con el otrx por el resto de la vida, parece muy obvio el significado de dicho "rito", pero millones de personas siguen haciéndolo. Amarrar, atar, inmovilizar, encadenar, aprisionar, sujetar, siguen siendo el ideal mayor del mito del amor romántico. ¿Qué pasaría si al tercer mes o al año ya no quiero siquiera volver a ver a la persona con la que me enlacé "para toda la vida", y si un día decido construir deseos y amistades con otras personas, o simplemente un día decido que ya no quiero volver a tener intimidad? Sí, claro que en cualquier momento podemos salir corriendo, pero tenemos ese lazo invisible que nos rodea el cuello e implica un esfuerzo extra para poder zafarnos, ¿no sería mejor vivir sin llagas en la piel y poder huir? La movilidad como forma de vida, la libertad como principio máximo de construcción?

Cuando el miedo a perder se afianza en los vínculos, la autonomía tambalea, las disposiciones amorosas se sesgan, se empaña en aras de seguir atada a esa persona que se vuelve indispensable, la necesidad, se vuelve insoportable la idea de perder lo conocido por lo que vendrá.

Michel Onfray menciona en su libro *Teoría del cuerpo enamorado. Por una erótica solar*[7] que la máxima del libertinaje es: nunca hacer nada que esté por encima de tu libertad, y sí, lamento escribir que en las construcciones amorosas, como las estamos viviendo ahora, la pérdida de libertad siempre está presente.

---

7   Onfray, Michel. *Teoría del cuerpo enamorado, por una erótica solar*. España, Pre-textos, 2012, 247 pp.

Deconstrucción/Deconstruyendo

Vivimos el amor con reglas e imposiciones que alguien más inventó y sigue inventando, la línea a seguir no parece nada complicado: noviazgo-matrimonio-descendencia, una línea de muerte. Pero ¿en qué parte queda la propia propuesta, la cuerpa como espacio de experimentación, la decisión de cómo querer si es que así se desea, la creatividad, la disposición y la disponibilidad de exigirse planeación, un proyecto propio, planificación consciente y pensada?

¿De qué espacios disponemos, de qué herramientas y qué soportes, para que nuestros proyectos no se parezcan a lxs de lxs otrxs, y tengan mucho más sentido para nuestros discursos de vida? Carecemos de fuerza porque nos han obligado a obedecer, a sabernos extrañas de todo lo que no sea heteronormatividad, nos asustamos hasta de la opción de creación donde el espacio infinito se perciba como un no/límite.

El espacio como nos enseñaron ya está ocupado, no hay espacio para la creación, porque todas las imágenes e ideas ya están hechas, configuradas, por eso es indispensable derribarlo, borrarlo, tirarlo, mirar sólo lo conocido como punto de referencia de lo que no se quiere, porque lo impuesto como forma de construcción de amor se parece más a un intercambio mercantil, nos impusieron el querer como una petrificación eterna, cuando la flexibilidad nos lleva a no quebrarnos, sino simplemente a expandirnos. La monogamia como opción, no como imposición, el amor libre como construcción.

Ética

Según mi experiencia como laboratorista, el eje del sistema contra-amoroso es la creación de una ética. Hablar de ética en un mundo donde fácilmente se confunde con la moralidad en turno puede resultar arriesgado, pero si colocamos el término desde su significado etimológico, ética viene del griego *ethiko*, que significa carácter, y tal parecer que para vivir en "el Afuera"[8] (aquel ensayo donde Pisano escribe sobre la importancia de la construcción de un mundo lejos de dinámicas de poder, y con respeto mutuo) no basta sólo con las ganas de estar queriendo diferente, de construir relaciones lejos de lo establecido, desobedecer lo impuesto y comprometerse a cuestionarse todo, porque resulta que crecimos dentro de este sistema y por lo tanto hemos aprendido a lo largo de nuestra vida a amar sometidas y también ejerciendo el poder, aprendimos a querernos desde la lógica capitalista, también es imprescindible el carácter, para poder denunciar, hacer resistencia diaria, pensando en una misma, en la construcción del amor propio, en ese cariño construido a base de rebeldía, para después compartir.

La ética resulta imprescindible, porque, cuando los límites no están tan delimitados como en la imposición de la monogamia resulta que nosotras (todas), podemos salir vulneradas, el punto es encontrar ese lugar entre la libertad, la creación y la responsabilidad de estar construyendo con las otras que somos nosotras, ellas que soy yo.

La trascendencia de arriesgarse a vivir construyendo afectos y a querer de una manera consciente, da como resultado la renuncia a la construcción del amor/enamoramiento, al señalamiento del poder en cualquiera de sus manifestaciones, y a la afirmación de que el amor de pareja está sobrevaluado, es importante saber que existen construcciones contra-amorosas más benéficas, sanas, dulzonas lejos de la esclavitud que un enamoramiento heteronormado conlleva.

"El poliamor es un terreno liberado",[9] leí hace algún tiempo. La comprensión de que no existen imposiciones, de que los acuerdos son formados por las participantes, de que no existen rigurosas

---

8   Pisano, Margarita. El afuera, un ensayo político de mujeres. 2014. https://www.mpisano.cl/el-afuera-un-ensayo-politico-de-mujeres/.

9   Neri, Diana, "Abc poliamoroso o poliamor / Contra-amor para principiantes, pero… ¿quién no lo es?", 2014. https://www.academia.edu/3653677/Abc_poliamoso_o_poliamor_3_

etiquetas, y sobre todo de que no hay prejuicios que minen las soberanías ni libertades, convirtió a este laboratorio de experimentación en base sólida de militancia permanente, pero no inmóvil, siempre en Ollin Kan, el eterno movimiento y el espacio infinito de lxs mexicas, porque una decide dónde desplazarse, con quiénes compartir, cuándo guardar silencio y cuándo gritar; una elige a quiénes darles los afectos, decide cómo formar, asumir y crecer en colectividad, se da cuenta que lo principal no es morir por la otra, es vivir en la libertad de querer y estar, es adoptar el sumar como forma, es liberarse de la idea de propiedad privada, es comprometerse primero con una, después con todas las otras.

El Ollin Kan nos muestra que la transformación es inminente, que los límites de creación dependen de nosotras, sabernos flexibles y con capacidad para el cambio nos asegura no rompernos, nos asegura movernos a la par del fluir, y así nos proporcionamos terrenos para la deconstrucción. El cambio como única constante, como fundamento de no inmovilidad, entrelazada con la ética para nuevas construcciones cuidadosas. El autocuidado y el cuidado de las otras como base de creación de estructuras infinitas, colocando límites donde nosotras queramos y no donde nos obligaron a trazarlos.

El eterno movimiento y el espacio infinito como lugar para contramar, de libertad, de deconstruir y de asumir esta manera de vida éticamente y de cuidado.

Hasta este punto de mi vida nunca había tenido tanta coherencia entre mis pensamientos y mi práctica, es reafirmar con fuerza lo que un día Kate Millet nos obsequió a todas: "Lo personal es político".

14. Entrevista a Cuarto Violeta

P. ¿Qué es el Cuarto Violeta? ¿Cómo lo definen o conciben? ¿Cuándo y por qué surge la iniciativa de un Cuarto Violeta? ¿Cuáles son sus antecedentes o necesidades?

R. Cuarto Violeta no era un cuarto en el sentido estricto de la palabra. Se concibió y vivió como un espacio físico, ciertamente, pero también ideológico y político, de estado de ánimo para compartir y disfrutar el erotismo entre las diversas mujeres que sentimos atracción por otras mujeres, de manera libre, consciente, responsable y gozosa.

El placer erótico y el ejercicio libre, responsable y hedonista de la sexualidad entre mujeres que gustamos de mujeres buscaba responder a la necesidad de ahondar en la exploración, el conocimiento y el juego con el propio cuerpo y con otros como acto de soberanía de las mujeres para reapropiarnos de nosotras mismas, cuestionando y combatiendo los mandatos de la cultura masculinista del heteropatriarcado, ejerciendo así el derecho sexual al placer.

Se trataba de poner en cuestionamiento y de generar colectivamente alternativas para disfrutar nuestra cuerpa,[1] primera trinchera en contra de la subordinación y el sometimiento al sexismo, el machismo y la competencia entre nosotras mismas.

Surgió en el contexto de las búsquedas y experiencias de grupos de mujeres diversas que, en los marcos de distintos feminismos, nos hemos propuesto trascender la perspectiva liberal de la diversidad sexogenérica para reapropiarnos de la cuerpa y del placer, entendidas también como trincheras políticas.

---

1   Entendíamos en Cuarto Violeta por *cuerpa,* la deconstrucción, reconstrucción y resignificación –desde una visión crítica y autocrítica del mandato heteropatriarcal, machista, misógino, cisexista y binarista– de la corporalidad, vinculada a los deseos, las identidades y las prácticas sexuales.

P. ¿Cuál es la diferencia con un cuarto obscuro? ¿Es sólo nomenclatura o hay razones éticas, políticas o morales? ¿Cómo se desliga, si esto sucede, del marco mercantil? ¿Cobran y a qué destinan el ingreso? ¿Qué espacios usan?

R. En el origen de la experiencia Cuarto Violeta algunas compañeras se preguntaron qué alternativa podríamos generar las mujeres al cuarto obscuro de los hombres *gay* y las parejas *swingers*, para contribuir a subvertir nuestra sexualidad de mujeres, encerrada en espacios privados y únicamente en pareja. Al respecto se generaron varias propuestas: una de ellas fue incidir en los espacios de diversión heterosexuales, de hombres *gay* o de mujeres lesbianas o mixtos ubicados dentro del circuito comercial; otra, que finalmente prevaleció, fue la de organizar encuentros de mujeres con atracción erótica por otras mujeres, y al que se llamó Cuarto Violeta en oposición al cuarto obscuro y asociándolo con el color violeta que identifica al Feminismo.

Se buscaba ofrecer una alternativa para explorar la sexualidad entre mujeres que sentimos atracción erótica por otras mujeres, la cual se inscribiera en principios feministas de respeto, sororidad, generación de acuerdos, construcción colectiva, defensa de los derechos de las mujeres, reconocimiento y respeto a la diversidad de mujeres que somos, no discriminación ni violencia entre nosotras, y que favoreciera conocimiento, encuentros, interacciones eróticas y sexuales distintas y opuestas a la normativa heteropatriarcal y a la cultura masculinista, que hemos interiorizado nosotras también, como las del amor romántico, la pareja obligatoria, los celos, las interacciones únicamente de dos en dos y en espacios privados.

El proyecto de Cuarto Violeta y la Colectiva Cuarto Violeta se inscribían como experiencias desde las mujeres de a pie, sin un sentido comercial ni de lucro. Las reuniones que organizamos, con excepción de la segunda –que se realizó en el Teatro Bar El Vicio y que fue administrada por esa empresa– fueron: la primera y la tercera (en el año de 2014) de cooperación voluntaria en especie, y de la cuarta a la séptima y última que llevamos a cabo en abril de

2015, mediante una cooperación de cincuenta pesos y la venta de cervezas y alimentos para sufragar los gastos de renta, alquiler de sonido, decoración y limpieza del local y compra de insumos de prevención que se entregaban a cada una de las participantes, lo que nos permitió obtener lo mínimo necesario para funcionar por más de dos años, muy lejos de una visión empresarial.

Los espacios en los que se realizaron las convivencias, talleres y conversatorios de Cuarto Violeta fueron en algunas pocas ocasiones domicilios particulares y las restantes en locales de organizaciones de la sociedad civil, como AVE de México, o de proyectos alternativos y autogestivos como Casa Gomorra y el Espacio Tres Cero Tres.

P. ¿Cómo conciben la participación? ¿Cómo se hacen las convocatorias? ¿Cada cuánto tiempo? ¿Cómo resguardan la seguridad de las asistentes (física, emocional, sexual)?

R. El proyecto Cuarto Violeta se estructuró en torno a dos tipos de actividades fundamentales, las que en conjunto constituyeron lo que llamamos "Ruta Violeta", conformada por talleres o conversatorios los días sábado cada dos o tres semanas y la convivencia o fiesta, que llevamos a cabo cada tres meses aproximadamente.

Los talleres o conversatorios constituyeron espacios de información teórica y/o práctica y de reflexión sobre temas de interés para el ejercicio y disfrute informado, consciente, responsable y libre de la sexualidad de las y entre las diversas mujeres que somos. Entre los temas que se abordaron estuvieron: Ligue entre mujeres; Transexualidad y translesbianismo; Sexo Seguro y Protegido entre mujeres; Dominación Femenina; Masaje Erótico, Tratos y contratos no monógamos; Perreo lésbico; Conciencia Corporal, Sexualidad de Mujeres Translesbianas; Juego erótico con velas y Masaje Erótico II. La participación de las asistentes en estas actividades fue libre y voluntaria para opinar, cuestionar o realizar los diferentes ejercicios o actividades que se propusieron y buscaban compartir herramientas que abonaran al ejercicio libre y autónomo de la sexualidad de mujeres entre mujeres.

A las convivencias o fiestas de Cuarto Violeta se convocaba (igual que a los talleres y conversatorios de la Ruta Violeta) a través de la página de la Colectiva y de la generación de un evento específico dedicado al taller o conversatorio o a la fiesta, ambos en Facebook. Los muros y cuentas en esa y otras redes sociales de las integrantes de la Colectiva y nuestras interacciones personales y participación en otras grupas o colectivas, también sirvieron de medios para dar a conocer las actividades de Cuarto Violeta.

Una de las partes más importantes de las actividades de la Colectiva Cuarto Violeta y de las diferentes reuniones que organizamos fue la de la seguridad de las asistentes y participantes, su integridad física, sexual y emocional, para lo cual nos propusimos que la consigna del "NO" fuera respetada enteramente en todas las circunstancias. Las mujeres tenían la libertad en todo momento de decir: ¡NO! y el mismo se respetaba sin ningún tipo de duda. Esto fue particularmente importante en las interacciones en las fiestas o convivencias, ya fuera en el espacio de convivencia, bailando, realizando algún juego o dinámica o en momentos de interacción erótica.

Otro aspecto de la seguridad tenía que ver con la confianza que se creaba en nuestras actividades, las cuales estaban dirigidas únicamente a las diversas mujeres que nos adscribimos como tales, sin permitir la entrada a ningún hombre o a alguien que se asumiera como tal, o a quien no lo hiciera abiertamente como mujer.

La seguridad también tenía que ver con la salud sexual, por lo que en cada convivencia o fiesta entregamos a cada asistente, con su cooperación un kit con un par de condones, guantes y/o dedales, cuadro de látex y lubricante soluble al agua o de silicón, acompañados de folletos para la prevención y atención de infecciones de transmisión sexual.

P. ¿Quiénes participan? ¿Solamente mujeres lesbianas? ¿O está abierto a otras identidades? ¿Cuál es el promedio de asistentes? ¿Qué edades o características (escolaridad, clase raza, estéticas, corporales, etc.)? ¿Cómo se dan las dinámicas? ¿Ustedes promueven dinámicas o la interacción sociosexual es directa y explícita? ¿Las que participan van solas, en pareja, con amigas? ¿Saben si son principalmente "solteras" o las hay emparejadas? ¿De qué manera la ruptura de la monogamia obligatoria es un tema en las dinámicas?

R. Las actividades de Cuarto Violeta estaban dirigidas a todas las mujeres que sienten atracción erótica por otras mujeres, más allá de corporalidades e identidades. Tanto entre quienes integramos la Colectiva como entre quienes participaron en nuestras diferentes actividades hubimos mujeres cis-sexuales[2] y trans; lesbianas, bisexuales, pansexuales y concurrieron también mujeres que se describían a sí mismas como heteroflexibles o curiosas. Algunas de las integrantes de la Colectiva Cuarto Violeta sosteníamos relaciones de pareja más o menos abiertas, y podía pensarse que lo mismo ocurría con las asistentes a nuestras reuniones y encuentros. Es conveniente decir que ninguna de nosotras se pronunciaba explícitamente en favor del contra-amor, la anarquía relacional o la agamia,[3] aunque tampoco estábamos en contra de esas expresiones.

---

2   El sexo en la especie humana implica características biológicas que incluyen componentes cromosómicos, genéticos, gonadales, hormonales, órganos sexuales internos, externos, caracteres sexuales secundarios y características cerebrales que pueden distinguir entre hembras, machos y a cualquier persona que presente alguno de los 64 estados y variaciones intersexuales que existen en nuestra especie. El cis-sexismo parte de la asignación de un género con base en las características sexuales que presente un cuerpo, considerando mujeres a las hembras y hombres a los machos de nuestra especie y niega, invisibiliza y patologiza a cualquier persona que no coincida con esos preceptos. Las personas cis-sexuales son aquellas en las que su biología corresponde al género que les fue asignado socialmente.

3   La agamia implica la negación del vínculo de cualquier tipo de relación de pareja, triada, cuarteto o demás, en la que las relaciones sexuales son un elemento que les da un carácter especial y que pone por debajo suyo a cualquier otro tipo de relación. Consiste en la construcción de un conjunto de relaciones sociales que carecen de modelo y donde se eliminan los lazos amorosos por lo que no se priorizan unas relaciones sobre otras; la razón prevalece sobre la intuición; el erotismo sobrepasa

Nuestra Colectiva se asumía como feminista, abrevando de diferentes feminismos: de la descolonialidad, del feminismo comunitario, del lesbofeminismo y del transfeminismo, aclarando que no solicitábamos como requisito de entrada o de participación en nuestros eventos o actividades, el que se tuviera una ideología feminista, si bien es cierto que las integrantes si buscábamos conducirnos con base en principios feministas. Hoy sabemos bien que no siempre lo logramos.

El número de asistentes se fue incrementando de manera sostenida, de las 16 que participamos en el Primer Cuarto Violeta, a finales de marzo de 2015, en la terraza del departamento de una amiga, hasta las más de cien mujeres, en cada una de las últimas tres fiestas, lo que nos llevó a plantear la necesidad de encontrar locales que brindaran condiciones adecuadas de espacio, comunicación y versatilidad.

Las edades de la gran mayoría de las participantes se encontraban por debajo de los 35 años, asistiendo algunas mujeres maduras. En términos de ubicación socioeconómica, nuestro público provenía de los sectores medios depauperados de estudiantes, académicas y profesionistas libres, con una menor presencia de servidoras públicas. Por lo que hacía a la diversidad funcional, alguna mujer con discapacidad motriz estuvo presente en alguna convivencia o fiesta, y era común que las mujeres que participaban en Cuarto Violeta tuvieran uno o varios tatuajes, perforaciones y que cortaran su cabello a rape en uno u otro lado de sus cabezas o de manera completa. Tuvimos la participación de algunas mujeres negras, siendo la inmensa mayoría de las asistentes, mestizas.

Era común que las integrantes de la Colectiva promoviéramos acercamientos y dinámicas de "rompehielos", que favorecieran la interacción entre las asistentes a nuestras fiestas o convivencias, mediante juegos y ejercicios sencillos y algunos más elaborados

la generación de vínculos afectivos, la reproductividad y el género carece de importancia; se redefine la belleza buscando no seguir parámetros preestablecidos; y la familia es sustituida por una agrupación libre.

como el de "Creación Erótica", consistente en escribir de manera colectiva una historia o historias entrecruzadas de contenido erótico. Estas dinámicas y el baile favorecían los encuentros y la interacción sensual entre las asistentes, lo mismo que su participación en los diferentes espacios lúdicos que conformaban la experiencia de Cuarto Violeta, como los de masaje erótico, de BDSM, para el autoerotismo o el intercambio sexual y otros.

Salvo cuando había un conocimiento previo de las asistentes o éstas se convertían en participantes asiduas de nuestras actividades, no llevamos un registro o forma de indagación de su estatus afectivo o civil, esto por razones de respeto a la confidencialidad. Ciertamente muy pocas eran las que llegaban en pareja o solas, la mayoría lo hacían con una amiga o en grupos de amigas e interactuaban entre ellas o con otras mujeres. Uno de los temas que más nos preocupaba en la Colectiva Cuarto Violeta era facilitar a las mujeres, que así lo quisieran, a romper en sus interacciones eróticas en nuestras convivencias o fiestas con la "parejocracia" o con las interacciones de "a dos", aunque fueran diferentes a lo largo de la noche, pero siempre de a dos, buscando, en cambio, promover el autoerotismo y la interacción erótica grupal. En este tema, debemos reconocer que logramos poco, aunque seguimos creyendo que la insistencia mediante el ejemplo es una buena vía para abrir caminos; así como el trabajo en los conversatorios y talleres para generar herramientas que permitieran que las mujeres tuvieran otras experiencias desde un lugar de libertad y autonomía en vez de debatirse entre el deseo, el deber ser y la culpa.

Al menos, logramos sacar los intercambios eróticos de espacios cerrados, destinados exprofeso para ese efecto y en obscuridad, y en la última fiesta que realizamos, en parte por la disposición física del local, se favorecieron los encuentros eróticos en un área abierta en la que unas podían ver como sus *cuerpas* interactuaban eróticamente con otras, aunque, hay que decirlo, todavía, con poca desnudez.

Los temas de la ruptura y superación de la monogamia y el matrimonio obligatorios, así como del "amor romántico" estuvieron presentes en las preocupaciones y planteamientos de Cuarto Violeta, si bien de manera tangencial y sin profundizar en la cuestión.

P. ¿Cómo conciben el placer? ¿Las asistentas buscan placer, compañía, relaciones sociales, pareja u otro tipo de situaciones/relaciones?

R. La creación de un espacio temporal para buscar y obtener placer erótico sin compromisos ni complicaciones, en un espacio de confianza, libertad, respeto y cachondería pudieron ser el mayor atractivo de Cuarto Violeta para muchas de sus asistentes. No fue nuestro objetivo último, pero quizás fue uno de nuestros mayores logros, que habrá que retomar en nuevos proyectos.

En cuanto a las razones para asistir a un Cuarto Violeta, nos parece que la mayoría de las participantes buscaba placer para las horas que durara el evento. Después, podría ubicarse la compañía y/o el establecimiento de relaciones sociales de amistad, para salidas al antro, la fiesta o la siguiente actividad de la Colectiva. La búsqueda de pareja no parecería haber sido un objetivo específico, sobre todo reconocido por las mujeres asistentas a nuestros eventos.

El placer erótico, por lo que podía verse en vivo y los comentarios de las participantes, parecía enfocarse en el cachondeo más o menos intenso, los besos en el rostro, los pechos y la parte superior de la cuerpa, llegándose en muy pocas ocasiones al sexo oral, mucho menos a la práctica del tribadismo; pocas fueron también las que se animaron a desnudarse completamente, siendo lo más común los pechos al aire.

Hay que admitir que resultó difícil para la gran mayoría de las mujeres participantes en Cuarto Violeta, llegar al desnudo total, romper la relación de "a dos" y sostener intercambios eróticos en espacios no cerrados y frente a público.

P. ¿De qué manera los cuidados personales de ¡No es no!, implican preferencias atravesadas por mandatos racializados, clasistas o discriminatorios por estereotipos corporales o edadistas, entre otros?

R. Esta fue una pregunta que nos rondaba en la cabeza a algunas de las integrantes de la Colectiva, particularmente a quienes formamos parte de grupos más vulnerabilizados dentro de los sujetos de vulnerabilidad. Y ello, también a raíz de vivencias en las actividades de Cuarto Violeta, particularmente de sus fiestas o convivencias. Sospechábamos (y lo seguimos haciendo) que detrás del argumento de la libre elección y el derecho a las preferencias, como una de las grandes libertades, puede encontrarse la discriminación disfrazada, velada, mustia que no se atreve a decir su nombre. Esto, particularmente en relación con características o condiciones inocultables o que no deseamos esconder, sean físicas, de salud, de diversa funcionalidad o corporalidad, de identidad y expresión de género e incluso de orientación sexual.

El deber y la influencia de los estereotipos y los prejuicios culturales relacionados con la belleza, el peso y la talla, la funcionalidad corporal, la edad, la salud física y mental se manifiestan, a veces con mucha fuerza y otras de manera velada, a la hora de hacer las "elecciones" y a la hora de "aceptarlas o rechazarlas". Claro se trata de un ejercicio de libertad de elección, pero al mismo tiempo puede resultar de discriminación por acción o por omisión, aunque no se tenga mala intención o incluso conciencia.

Este cuestionamiento debería llevar a problematizaciones con respecto a las orientaciones y elecciones, a las que ciertamente no llegamos nosotras como Colectiva, por más que se hicieron presentes constantemente. Se requiere de un proceso profundo de interiorización y reflexión colectivas al que no estamos acostumbradas, porque pondrían en entredicho muchos de los supuestos de lo "políticamente correcto".

La preferencia por ciertas corporalidades, apariencias, formas de actuar y de relacionarse no son ajenas, si bien tampoco meras reproducciones, de modelos de belleza y "éxito" hegemónicos que se cuelan a los espacios feministas y que requieren de nuestra deconstrucción, no solamente cuando provocan algún conflicto abierto o alguna manifestación de discriminación más o menos clara.

Creemos que no podemos ni debemos, a nuestra vez, imponer modelos o propuestas alternativas, pero sí trabajar por la deconstrucción de los hegemónicos o dominantes. Salir al paso y rechazar críticamente las fobias, como la gordofobia, el adultocentrismo o la adultofobia, la transfobia, la bifobia, el racismo, la xenofobia y otras aversiones irracionales en nuestros comportamientos cotidianos como personas y en nuestras actividades personales y políticas, lo que nos pondría en el camino de otras vías significativa al disfrute de la *cuerpa* y el placer erótico.

P. ¿Producto de la experiencia han entablado "parejas", si esto fue así, han vuelto? ¿Hay algún nivel de discusión respecto a los mandatos heteromonogámico-racial normativos?

R. Ocurrió que mujeres que se conocieron en las fiestas o convivencias de Cuarto Violeta o que lo hicieron en el marco de las actividades de nuestra Colectiva, incluso entre quienes la integramos, formamos parejas que se han mantenido, ciertamente es un número muy, muy reducido.

Como Colectiva Feminista que trabajó los temas de la *cuerpa*, los deseos, las identidades y las prácticas sexo-genéricas, así como el disfrute y ejercicio conscientes, responsables, libres y lúdicos del erotismo, cuestionamos, en lo personal y lo colectivo, los mandatos de la heteronorma[4] y la cisnorma, del racismo y el clasismo, del amor romántico y la monogamia obligatoria, aunque hay que reconocer que como grupa no logramos hacerlo sistemáticamente tanto hacia el interior como al exterior. Queda este tema, tanto en términos personales como políticos como una de las asignaturas pendientes a retomar.

P. ¿Cuál es la situación actual de la Colectiva?

---

4   La heteronorma presupone la heterosexualidad de todas las personas y les otorga un estatus superior respecto a quienes tienen orientaciones, preferencias o prácticas sexuales con personas de su mismo sexo o género; la cisnorma parte de la creencia de una correlación entre el sexo y el género, por lo que el binarismo de género es su complemento.

R. La Colectiva Cuarto Violeta como proyecto político en la formación de espacios para el ejercicio libre y autónomo de la sexualidad de las mujeres entre mujeres, en su amplia diversidad, ha llegado a su fin.

En el marco de concepciones y prácticas feministas que existieron dentro de la colectiva se ha llegado a un punto definitorio en el que el trabajo en conjunto es imposible, por diferencias identitarias, posturas políticas y, de algunas integrantes de la colectiva, falta de reconocimiento del lesbofeminismo como condición de posibilidad para la existencia de este proyecto.

Las que suscribimos este documento: Angie Rueda, Carla Navarro, Cynthia Navarro, Farinna Califia, Mélida Medina y Ninel Díaz afirmamos, que el concepto de Cuarto Violeta nos trasciende, ya que la extensión de éste y sus usos en otros espacios, dentro y fuera del país, nos ha rebasado. Lo que aplaudimos porque esto es un logro del ejercicio de la sexualidad de todas mujeres y del lesbofeminismo, aún antes de la creación del proyecto.

Nosotras mujeres lesbofeministas aportamos y abrimos paso, no sin tropiezos, a la experimentación de sexualidades no heteronormadas y antipatriarcales entre mujeres, como las prácticas de autoerotismo, masturbación compartida, nudismo público, prácticas grupales, BDSM y a la incorporación de la translesbiandad como una vertiente de la lesbiandad conversa y del lesbianismo como vía de lucha y liberación teórico-política.

Hoy, esta vertiente lesbofeminista mira hacia rumbos más definidos, ante la imposibilidad de continuar con este desarrollo en la Colectiva Cuarto Violeta, que contribuimos a crear, reiteramos su desintegración, asumimos la prerrogativa de seguir construyendo en conjunto con otras mujeres procesos y espacios para el ejercicio pleno de la sexualidad entre mujeres con una perspectiva lesbofeminista y transfeminista.

La Colectiva Cuarto Violeta estuvo integrada por: Ana Torres, Anneliz Perez, Angie Rueda, Carla Navarro, Cynthia Navarro, Farinna Califia, Mélida Medina, Ninel Díaz y Sary Cabrera.

Mini-biografías de las autoras

Clarisse Chiappini

Nací en 1951 en Brasil. Soy doctora en economía, feminista, activista y fui actriz. Pasé mi juventud en la época de la dictadura participando de algunos grupos, el más significativo fue Teatro Jornal. En esos tiempos integraba el grupo feminista Costela de Adão. Publicamos dos números de Escritos Feministas. Más adelante fui parte del grupo feminista Mulheres Rebeldes junto a marian pessah y durante unos años estuvimos en muchas acciones (sobre todo con las mujeres) del MST, con quienes mucho aprendí. ♀

Norma Mogrovejo

Nací en un pueblo quechua del Perú profundo, soy colla, lesbiana feminista, ciudadana del mundo, avecinada en la megalópolis mexica, anarco-proletaria de la academia, desertora del amor hetero-romántico. Laboratorista de mis emociones y preocupaciones, intento construir con mis pares reflexiones desde la experiencia de los grupos no hegemónicos que luchan por su liberación. Combino entre la educación popular, las acciones lesbo-feministas que buscan justicia restitutiva y las reflexiones para una cuerpa lesbiana, entendida como una propuesta teórica-bio-política. ♀

Catalina Trebisacce

Soy antropóloga, feminista y lesbiana de interrogación. Investigadora del Instituto Interdisciplinario de Estudios de Género de por la Facultad de Filosofía y Letras de la Universidad de Buenos Aires. Doctora en Antropología por la misma facultad. Docente universitaria y actualmente también becaria postdoctoral del Conicet. ♀

Virginia Cano

Soy lesbiana, feminista, docente y filósofa. Me desempeño como Profesora Adjunta de Ética en la Facultad de Filosofía y Letras de la Universidad de Buenos Aires y como Investigadora Asistente del Conicet. También formo parte del Iiege (Instituto Interdisciplinario de Estudios de Género), de la FFyL, UBA. He publicado –junto a Ma. Luisa Femenías y Paula Torricella– la compilación *Judith Butler, su filosofía a debate* (Buenos Aires, FFyL-UBA, 2013), así como los libros *Nietzsche* (Buenos Aires, Galerna, 2015), y *Ética tortillera. Ensayos en torno al êthos y la lengua de las amantes* (Buenos Aires, Madreselva, 2015). ♀

Rosa María Laguna Gómez

Nací en la ciudad de Zapopan. Crecí sin padre, estudié la prepa y la carrera de Sociología en la Universidad de Guadalajara, soy lesbofeminista, activista, defensora de los derechos humanos y creo fielmente en la libertad de amar, de sexar, de ser lo que deseamos! He trabajado de todo y colaborado en varias ONG. Me gusta el cine, bailar, comer y dormir hasta tarde. Nací en abril, en la madrugada... creo que por eso me encanta la vida nocturna y sus peligros, soy irreverente, insurrecta, impúdica, desobediente y subversiva! Amo estar viva y algunos días no tanto, quiero ser escritora pero me gana la indisciplina. Soy tapatía y también del mundo. ♀

Áurea Sabina

Poeta y periodista de a pie. Nació en el telúrico 85, bajo el signo del cangrejo y jura que la Luna es su doble astral. Licenciada en Ciencias de la Comunicación por la UNAM. Actualmente estudia la especialización en Literatura Mexicana del Siglo XX.

Comprometida con las causas de mujeres, activista autónoma, indignada, mística y amorosa. Para ella es muy importante soñar. Cree firmemente que los sueños tan importantes como lo que creemos tangible. Aprendiz de psicomaga, ferviente admiradora de las surrealistas.

Colabora en Mujeresnet, Revista de la Universidad; ocasionalmente, reseña libros para Random House. Ha sido reportera y docente en la Facultad de Ciencias Políticas y Sociales de la UNAM. ♀

Julieta Silva Massacese

Nació en Esquel, Chubut, en 1989. Estudió Filosofía en la UBA. Se encuentra adscripta a la cátedra de Ética (UBA), integra un equipo de investigación sobre biotecno-política y es becaria del Instituto Interdisciplinario de Estudios de Género (UBA). Obtuvo la segunda mención en el concurso de ensayo filosófico Filosofía Sub-40, que resultó en la *Antología del ensayo filosófico joven en argentina*, editado por el Fondo de Cultura Económica. Publicó artículos en *Revista No-Retornable*, Gente Rara y *Revista Otra Parte/Semanal*. Coordinó el grupo de lectura Museo yonqui, en Malba. ♀

marian pessah

Unos años atrás percibí que tenía que autodefinirme, si no, alguien lo haría por mí. Sucede que una es mucho más que lo que hace, entonces decirme fotógrafa me parecía incompleto. Más adelante empecé a escribir pero nunca me identifiqué como escritora. Así fue como se me ocurrió llamarme extranjera en el mundo, prófuga de la normalidad, artista polítika de la oktava dimensión. Luego pasé a usar artivista, a veces, anteponiéndole una (h). Desde hace un tiempo ando viajando como pasajera en tránsito. Desde lo formal, actualmente estoy haciendo la graduación en Escritura Creativa en Porto Alegre, Brasil, ciudad en la que vivo hace 15 años. ♀

Nadia Rosso

Lesbiana de hueso colorado, lesbofeminista separatista y activista desde hace más de 10 años. Escritora desobediente de cualquier purismo lingüístico, buscadora de pedagogías horizontales, feministas y descolonizantes, probando y errando. Licenciada en Lengua y Literaturas Hispánicas por la FFyL de la UNAM, y Maestra en Antropología Social por el CIESAS D.F. La academia no define quien es, pero bien que la ha (de)formado. Disfruta la crítica como un platillo elaborado y exquisito, busca propuestas de construcción de otras mundas donde habitar, curiosa y dudosa de todo lo que nos dan por hecho, cuestionando las relaciones amorosas desde que tiene memoria, quebrándose el coco por buscar alterna-

tivas viables y afectuosas al sistema heteropatriarcal y al emparejamiento compulsivo. ♀

Diana Marina Neri Arriaga

Prefiere que la llamen bruja, zapatista, contra-amorosa, feminista,
y anti-especista. Los "papelitos académicos" dicen que es Licenciada en Derecho y en Filosofía por la Universidad Autónoma del
Estado de Morelos, tesista de la maestría de filosofía política por
la UNAM y estudiante de la Licenciatura de Creación literaria por
la UACM. Profesora en el Instituto Politécnico Nacional y del Colegio de Bachilleres. Le fascina leer, coger, viajar, compartir cine,
plantitas y la vida, participa en diversos activismos y ahora es locu-
tora del programa: *Las aventuras de Diotima y Sophia bajo la luna*.
♀

Lidia Aguado

Mi nombre es Lidia Aguado Asensio, nací en 1974 en Madrid,
eZpaña, radico en México desde hace veinte años. Trabajo con las
manos: arreglo cosas (aunque a veces también las estropeo), soy
eco-plomera y construyo casas (de preferencia con criterios sustentables y ecológicos), invento y creo sistemas para lograr modos
de vida (más) sustentables y menos depredadores. Feminista, mujer (dicen que muy andrógina) y bastante lesbiana: seguiré catego-
rizándome mientras el sistema heteropatriarcal me lleve a reivindi-
carme desde lo personal para seguir haciendo política. Hace años
estoy labrando el camino porque quiero dedicarme a la docencia
para mujeres y con otras mujeres. ♀

Kitzia Mónica Jaramillo Montiel

Soy relesbofeministota, separatista, autónoma y descolonial, nací
barrio y me rescato desde el barrio. Desde escuincla entré a la
UNAM (que pa' las mujeres pobres de este país es un verdadero
logro), le hago al diseño y a la comunicación, también estudié eso
de la curaduría y difusión del arte. Me gusta mucho leer, escribir,
hablar y problematizar, las cosas así tan digeridas no me pasan.

Soy morena, gorda, peluda, cursi y (contra)amorosa como pocas, pero nada de amor romántico, termino siempre por indigestarme. Y ¡sí! me encanta joder al sistema heteropatriarcal con mi muy lesbiana y gorda mente/cuerpa/sentimientas, ya saben, ser prófuga constante, eso de hacer de la propia existencia un activismo del diario. ♀

www.ingramcontent.com/pod-product-compliance
Lightning Source LLC
Chambersburg PA
CBHW060454280326
41933CB00014B/2749